Traduction automatique statistique de la langue arabe

Haithem Afli

Traduction automatique statistique de la langue arabe

Une étude sur un système arabe/anglais

Éditions universitaires européennes

Mentions légales / Imprint (applicable pour l'Allemagne seulement / only for Germany)
Information bibliographique publiée par la Deutsche Nationalbibliothek: La Deutsche Nationalbibliothek inscrit cette publication à la Deutsche Nationalbibliografie; des données bibliographiques détaillées sont disponibles sur internet à l'adresse http://dnb.d-nb.de.
Toutes marques et noms de produits mentionnés dans ce livre demeurent sous la protection des marques, des marques déposées et des brevets, et sont des marques ou des marques déposées de leurs détenteurs respectifs. L'utilisation des marques, noms de produits, noms communs, noms commerciaux, descriptions de produits, etc, même sans qu'ils soient mentionnés de façon particulière dans ce livre ne signifie en aucune façon que ces noms peuvent être utilisés sans restriction à l'égard de la législation pour la protection des marques et des marques déposées et pourraient donc être utilisés par quiconque.

Photo de la couverture: www.ingimage.com

Editeur: Éditions universitaires européennes est une marque déposée de
Südwestdeutscher Verlag für Hochschulschriften GmbH & Co. KG
Heinrich-Böcking-Str. 6-8, 66121 Sarrebruck, Allemagne
Téléphone +49 681 37 20 271-1, Fax +49 681 37 20 271-0
Email: info@editions-ue.com

Produit en Allemagne:
Schaltungsdienst Lange o.H.G., Berlin
Books on Demand GmbH, Norderstedt
Reha GmbH, Saarbrücken
Amazon Distribution GmbH, Leipzig
ISBN: 978-3-8417-9322-5

Imprint (only for USA, GB)
Bibliographic information published by the Deutsche Nationalbibliothek: The Deutsche Nationalbibliothek lists this publication in the Deutsche Nationalbibliografie; detailed bibliographic data are available in the Internet at http://dnb.d-nb.de.
Any brand names and product names mentioned in this book are subject to trademark, brand or patent protection and are trademarks or registered trademarks of their respective holders. The use of brand names, product names, common names, trade names, product descriptions etc. even without a particular marking in this works is in no way to be construed to mean that such names may be regarded as unrestricted in respect of trademark and brand protection legislation and could thus be used by anyone.

Cover image: www.ingimage.com

Publisher: Éditions universitaires européennes is an imprint of the publishing house
Südwestdeutscher Verlag für Hochschulschriften GmbH & Co. KG
Heinrich-Böcking-Str. 6-8, 66121 Saarbrücken, Germany
Phone +49 681 3720-310, Fax +49 681 3720-3109
Email: info@editions-ue.com

Printed in the U.S.A.
Printed in the U.K. by (see last page)
ISBN: 978-3-8417-9322-5

RÉSUMÉ

La mondialisation a eu des effets considérables sur l'essor de l'industrie de la langue, et plus particulièrement en traduction automatique où la demande ne cesse de croître. Ainsi, les besoins en matière de systèmes de traduction automatique plus fiables augmentent de plus en plus. Pour cela nous sommes intéressés à la conception de systèmes de traduction automatique basés sur les modèles statistiques.

Ce travail présente une amélioration des phases d'optimisation et d'alignement d'un système de traduction automatique statistique pour la paire de langue arabe/anglais. Nous avons aussi construit un système hiérarchique. Pour décrire notre travail, nous présentons les outils utilisés.

Enfin, nous présentons une évaluation qualitative et quantitative de nos expériences qui permettent d'obtenir des premiers résultats encourageants.

ABSTRACT

Machine Translation witnessed a major revolution in the area of natural language processing and the needs for reliable automatic machine translation systems increase. Therefore, we focused on the design of an automatic translation system based on statistical models.

This work presents an improvement of the tuning and alignment of an existing statistical machine translation using a phrase-based approach for the Arabic/English language pair. We build also a new system based on hierarchical phrase-based approach. For this reason, we present the tools used in both systems.

Finally, we present a qualitative and quantitative analyses of our different experiments that show first encouraging results.

REMERCIEMENTS

J'ai une vive dette envers tous ceux qui m'ont aidé à rassembler les faits qui constituent l'indispensable fondation de ce travail. Je remercie tout particulièrement : M. Laurent BESACIER et M. Hervé BLANCHON, de m'avoir accueilli au sein du GETALP (LIG), et d'offrir ainsi la possibilité de travailler dans un laboratoire de linguistique informatique de renommée mondiale. Ils ont toujours été disponibles, malgré de nombreuses occupations, pour m'aider dans mon travail par leurs précieux conseils qui m'ont été d'une grande aide au cours de ce mémoire. Qu'ils trouvent ici le témoignage de toute mon reconnaissance et mon profond respect.

Je garde une place toute particulière à mon père *Abdelhafid* qui est toujours à mes cotés, à ma tendre et affectueuse mère *Rebeh* pour tout l'amour qu'elle me donne, à mon cher frères *Baligh*, à ma sœur *Boutheina* et à la grande famille *AFLI*.

En exprimant toutes mes reconnaissances pour leurs sacrifices, leurs patiences compréhensives et leurs encouragements au-delà de toutes limites.

Haithem

بِسْمِ اللهِ الرَّحْمنِ الرَّحِيمِ

قَالُوا سُبْحَانَكَ لَا عِلْمَ لَنَا إِلَّا مَا عَلَّمْتَنَا إِنَّكَ أَنْتَ الْعَلِيمُ الْحَكِيمُ

صَدَقَ اللهُ الْعَظِيمُ

SOMMAIRE

INTRODUCTION

Ces études ont été réalisées au sein du laboratoire d'informatique de Grenoble (LIG) en 2010, sous la direction des professeurs Laurent Besacier et Hervé Blanchon.

Les méthodes de traduction automatique probabiliste sont apparues dans les années 1990 sous l'impulsion des laboratoires de recherche d'IBM [Brown et al. 1990, Brown et al. 1993].

Tandis que les systèmes de traduction automatique fondés sur des méthodes expertes restent aujourd'hui majoritaires dans les systèmes commerciaux et en ligne, l'évolution des modèles et des méthodes et la prolifération des corpus parallèles ont, depuis peu, poussé les approches statistiques à l'avant-plan de la recherche en traduction. Ces derniers sont construits à partir de grandes quantités de documents bilingues (plusieurs dizaines de milliers à quelques millions de bi-phrases). Bien que l'on retrouve toujours au cœur de ces approches le cadre général qui a motivé les propositions initiales de l'équipe IBM, on a pu observer des transformations importantes au cours des dernières années. La plus remarquable est sans doute le passage du niveau des mots à celui de segments de longueur variable [Och et al. 1999, Koehn et al. 2003].

Les systèmes de traduction automatique statistiques de l'état de l'art sont des systèmes qui reposent sur la combinaison de nombreux modules d'analyse, l'intégration d'informations hétérogènes (analyse linguistique du texte source, modèle de traduction, modèle de la langue cible,...) et sur le calcul de scores de traduction multiples rassemblés au final dans un modèle pondéré dit « log-linéaire » [Koehn et al. 2003]. Les poids accordés à chacun des modèles, correspondant à leur pondération dans la combinaison log-linéaire, constituent les paramètres du modèle. Une des faiblesses des systèmes de traduction probabilistes actuels réside dans leur sensibilité aux paramètres du modèle log –linéaire. Un moyen d'améliorer la performance des systèmes de traduction, consiste à déterminer comment combiner les différentes informations pour obtenir de meilleures traductions. Des stratégies d'optimisation, notamment par minimisation d'un critère d'erreur [Och 2003], permettent d'ajuster ces poids via une méthode d'optimisation sur un corpus de développement. Il a été montré à plusieurs reprises et en particulier dans [Koehn et al. 2003] que l'ajustement des poids des paramètres du modèle à l'aide d'un corpus de développement permet d'améliorer considérablement la performance des modèles log-linéaires.

Les systèmes de traduction pour le couple de langue arabe-anglais développés au LIG sont des systèmes de traduction statistiques fondés sur les segments. Depuis 2007, le LIG participe à une campagne d'évaluation de systèmes de traduction de parole nommée IWSLT (International Workshop on Spoken Language Translation) avec des systèmes de ce type.

Bien que les systèmes existant aient prouvés leur efficacité, le résultat final d'évaluation d'IWSLT montre des problèmes dans la phase de règlement des poids. Le travail réalisé consiste à explorer la phase d'optimisation du système existant pour assurer un meilleur règlement des poids du modèle log linéaire et proposer des nouvelles techniques pour l'alignement.

Une deuxième partie de recherche dans ce travail, consiste à explorer une nouvelle approche en traduction automatique statistique : l'approche hiérarchique; afin de construire un nouveau système de traduction automatique arabe/anglais basé sur cette approche.

Pour cela, il est nécessaire de réaliser, dans un premier temps, une bibliographie importante sur les approches utilisées pour les modèles log-linaires, pour l'alignement et pour les systèmes hiérarchiques dans la traduction automatique statistique. Un travail expérimental sera ensuite conduit afin de valider le travail et comparer l'efficacité des systèmes résultants. Il s'agira enfin de proposer, d'élaborer et d'expérimenter une technique alternative d'optimisation du système existant et celle de construction du nouveau système.

Nous avons constaté, lors des premières expérimentations, que le problème de l'optimisation est dû au fait que l'évaluation finale d'IWSLT se fait sur des données ponctués et capitalisées, par contre notre optimisation (via le score BLEU expliqué à la page 24) est faite avec des données non ponctuées et non capitalisés suite à un prétraitement fait pour le corpus. L'idée est alors, dans un premier temps, d'insérer un module de ponctuation et de capitalisation des fichiers de N-meilleurs (N-best) utilisé lors du règlement des poids par l'outil d'optimisation MERT (Minimum Error Rate Training).

Nous avons remarqué aussi, qu'en changeant le technique d'alignement dans la phase d'apprentissage du système, nous aurons des changements significatifs dans la table de traduction finale. Donc nous avons testé et défini une technique de combinaison d'alignement pour un système de traduction automatique statistique en utilisant deux différents outils d'alignement : *GIZA++* et *Berkeley Aligner*.

Dans une troisième partie de nos travaux nous avons exploré l'approche hiérarchique de traduction automatique pour construire notre nouveau système. Nous avons comparé ainsi les résultats des performances de nos systèmes.

La première partie de ce travail est un état de l'art sur la traduction automatique statistique et une étude linguistique sur la langue arabe qui introduit les notions et concepts indispensables à la compréhension de ce travail. Dans une deuxième partie, nous présentons notre système de référence et les outils utilisés pour la réalisation pratique de nos approches. La dernière partie présente notre méthode (au niveau théorique et de l'implémentation) pour améliorer le système existant. On y définit les techniques d'alignement et construit un nouveau système basé sur l'approche hiérarchique de traduction automatique. Nous montrons aussi nos principales contributions en présentant les expérimentations réalisées et les résultats obtenus.

PARTIE I : ETAT D'ART

CHAPITRE 1: SURVOL DES METHODES DE SYSTEMES DE TRADUCTION AUTOMATIQUE

INTRODUCTION

La traduction automatique (TA), désignée dans la littérature anglophone sous le terme de « Machine Translation » (MT), entre deux, ou plus, langues naturelles en utilisant les ordinateurs, est un but de l'informatique depuis longtemps. Ce besoin augmente car communiquer rapidement dans toutes les langues est devenu une priorité.

HISTOIRE DE LA TRADUCTION AUTOMATIQUE[1]

C'est entre 1958 et 1966 que les grands projets de traduction automatique sont nés, à cause de la guerre froide et du besoin des américains de traduire le russe. Cependant, les premières idées sur la traduction automatique datent de l'année 1933 et du dépôt de deux brevets : l'un en URSS par Piotr Trojanski et l'autre en France par Georges Astrouni qui a proposé un système de traduction générique fonctionnant comme un dictionnaire mécanique. Et en utilisant les symboles universels basés sur l'espéranto, Trojanski a ajouté l'encodage et les interprétations des rôles grammaticaux.

Andrew Booth et Warren Weaver ont présenté en juin 1952, lors de la première conférence sur la traduction automatique les tentatives d'utilisation des premiers ordinateurs pour l'automatisation de la traduction. Dans cette conférence organisée par Y. Bar-Hillel qui était déjà reconnu dans le domaine de la traduction entièrement automatique, l'accent est mis sur la nécessité de la pré- et post- édition.

Le 7 janvier 1954, le premier système complet de traduction automatique est démontré dans le cadre du « Georgetown Experiment » ; le système utilise un dictionnaire de 250 mots et 6 règles.

ARCHITECTURES DES SYSTEMES DE TRADUCTION AUTOMATIQUE

ARCHITECTURE LINGUISTIQUE

Selon le triangle de Vauquois (Figure 1) [Vauquois et Boitet, 1985], il existe trois types de base d'architectures linguistiques :

LES SYSTEMES DIRECTS : ils se basent sur des équivalences de termes, et à partir de la consultation d'un dictionnaire ils traduisent mot à mot sans faire aucune analyse. Ce sont des systèmes qui traitent une seule paire de langues (bilingues) et unidirectionnels. Ils opèrent directement au niveau du texte d'entrée (source) et du texte de sortie (cible) sans utilisation de représentations intermédiaires. Ces systèmes peuvent s'avérer utiles dans certains cas d'application restreinte mais ils sont limités. Ils sont utilisés pour les systèmes de première génération des années 1950 (russe-anglais & anglais-russe). Les systèmes probabilistes fondés sur des séquences (« phrase-based systems ») peuvent être aussi rangés dans cette catégorie.

---

[1]   Partie largement inspirée du site du Centre Pluridisciplinaire de Sémio linguistique Textuelle, http://www.univ-tlse2.fr/gril/

LES SYSTEMES A TRANSFERT : ces systèmes de deuxième génération ont un principe plus complexe que celui des systèmes de première génération (directs). Actuellement, les systèmes à architecture basée sur le transfert utilisent trois modules : l'analyse du texte en langue source, le transfert, et la génération dans la langue cible. Ils sont les plus couramment utilisés puisqu'ils facilitent l'intégration d'une nouvelle langue contrairement aux systèmes directs où l'ajout d'une langue revient à créer un nouveau système. Pour passer d'une phrase source à sa traduction, ils utilisent des représentations intermédiaires basées sur une analyse syntaxique ou sémantique plus ou moins profonde. Le transfert entre la langue source et la langue cible peut être effectué de façon descendante ou ascendante opérant ainsi à deux niveaux différents de représentation entre les deux langues.

LES SYSTEMES A PIVOT : cette approche est basée sur une représentation abstraite de la langue (pivot) qui « réduit » le problème de traduction en deux grandes étapes : construire une représentation pivot à partir d'une phrase source et générer une phrase cible à partir cette représentation. L'importance de cette approche vient du fait que les modules d'analyse et de génération sont réutilisables pour la création d'un système pour un nouveau couple de langues.

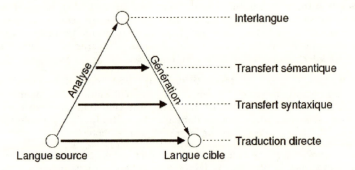

Figure 1: Triangle de Vauquois ; Représentation des différents architecture linguistique

ARCHITECTURE COMPUTATIONNELLE

L'automatisation de chacune des étapes de traitement d'un système de traduction automatique est un processus qui peut être de nature experte ou empirique :

APPROCHE EXPERTE signifie que l'étape considérée utilise des programmes créés par des experts par différent moyens : un langage haut niveau ou spécialisé pour la programmation linguistique d'automate, une programmation directe dans un langage algorithmique classique ou des formalismes de grammaire déclarative.

La plupart des systèmes à pivot et l'architecture linguistique à transfert reposent sur une traduction automatique experte, du fait que les règles de génération ou d'analyse sont définies par des experts, mais il existe aussi des systèmes à transfert empiriques comme le système de [Gu et Gao 2004].

APPROCHE EMPIRIQUE signifie que l'étape considérée se fonde sur un module dit *module d'apprentissage* qui a pour rôle d'apprendre à faire la transformation d'une représentation intermédiaire vers une autre.

Par exemple en traduction automatique statistique directe, on construit le système de traduction à partir de textes déjà traduits qui forment une base d'apprentissage. Au cours de la phase d'apprentissage, on utilise ce qu'on appelle un *corpus parallèle* qui est un ensemble de couple de phrases où chacune est la traduction de l'autre. Pour produire la traduction d'un nouvel énoncé, on utilise un modèle de traduction extrait par le module d'apprentissage. Au final, on peut distinguer deux principales approches de Traduction Automatique Empirique : la TA statistique (SMT[2]) et la TA fondée sur les exemples (EBMT)[3].

En pratique, il y a une certaine dépendance au couple de langues, de telle sorte qu'un prétraitement spécifique à la langue est parfois nécessaire: *tokenisation* spécifique ou segmentation pour certaine langue (Arabe, Vietnamien, etc.).

TRADUCTION AUTOMATIQUE STATISTIQUE

L'utilisation des modèles statistiques pour la traduction automatique est introduite en 1949, lorsque Warren Weaver suggère une approche basée sur les données pour la traduction automatique. Cependant, cette approche n'est pas poursuivie, à l'époque, vu les capacités limitées en calcul et en mémoire des ordinateurs. C'est au début des années 90s, que l'approche de traduction probabiliste ré-introduite par [Brown et al. 1990] est adoptée par de nombreux chercheurs.

Ces modèles se basent sur la théorie mathématique de distribution et d'estimation probabiliste de Frederick Jelinek, développée à *IBM T.J. Watson Research Center*, et particulièrement bien décrite dans [Brown et al, 1993] et [Carl, 2003].

À partir d'un texte bilingue les systèmes statistiques apprennent un modèle probabiliste de traduction *P(f/e) à partir d'un corpus bilingue* et un modèle probabiliste de la langue cible *P(e)* à partir d'un corpus monolingue. Ces deux modèles (langue et traduction) sont représentés en pratique par des ensembles de tables contenant les valeurs de probabilité de certains paramètres. Le but de l'apprentissage de ces modèles est l'établissement des correspondances entre des mots, ou des fragments, des langues source et cible.

Nous nous sommes intéressés dans notre étude par cette approche statistique en utilisant deux corpus parallèles où l'un des textes est la traduction de l'autre. Pour cela nous formalisons dans ce qui suit le problème de traduction automatique fondé sur cette approche : soient deux ensembles de phrases S (phrases de la langue source) et C (phrases de la langue cible). Prenons comme hypothèse que chaque phrase e dans l'ensemble C peut être une traduction de n'importe quelle phrase f de l'ensemble S. Pour chaque couple de phrases (e_i, f_j), nous affectons une probabilité $P(e_i \mid f_j)$. Cela signifie que le système de traduction traduit f en e_i avec une probabilité P. Généralement le problème de la traduction statistique est de trouver la phrase $\hat{e}$, qui maximise $P(e^I \mid f^J)$, étant donnée une phrase f^J. De manière plus formelle :

$$\hat{e} = \underset{e}{\mathrm{argmax}} \ P(e^I \mid f^J)$$

$$(1.1)$$

D'après le théorème de Bayes:

---

2   Statistical Machine Translation
3   Example-Based Machine Translation

$$P(e^I \mid f^J) = \frac{P(f^J \mid e^I) \times P(e^I)}{P(f^J)}$$

(1.2)

Comme le dénominateur de la première équation est indépendant de *el*, la maximisation devient alors:

$$\hat{e} = \underset{e}{Argmax}\ P(e^I \mid f^J) = \underset{e}{Argmax}\ P(e^I) \times P(f^J \mid e^I)$$

(1.3)

On appelle le premier facteur P(el), un modèle de langue cible, tandis que P(fJ | el) est appelé un modèle de traduction.

Alors, on divise le problème de la traduction en trois sous problèmes que nous décrivons par la suite :

- Calculer les paramètres du modèle de langue
- Calculer les paramètres du modèle de traduction
- Réaliser un mécanisme capable d'effectuer l'opération de maximisation de l'équation (1.3) en un temps acceptable (c'est ce qu'on appelle le décodeur)

On parle dans ce cas du *modèle de canal bruité*[4] introduit par [Shannon 1948]. Cette décomposition a pour intérêt de donner un double contrôle sur la qualité de la traduction en apprenant les deux modèles (modèle de langue de langue cible et modèle de traduction) indépendamment, de tel sorte que les erreurs d'un des modèles peuvent être compensées par l'autre, ce qui rend le modèle final plus robuste.

MODÈLE DE LANGUE

Ce modèle est la composante du système de traduction qui est en charge d'introduire les contraintes imposées par la syntaxe de la langue cible. Son rôle est d'estimer la probabilité d'une séquence de mots ou phrase en assurant que plus une séquence de mots (ou phrase) est conforme au modèle de langue, plus sa probabilité est élevée.

L'objectif du Modèle de Langue (ML) est de guider la recherche des séquences de mots les plus probables en se basant sur des connaissances extraites d'un corpus monolingue de la langue cible. Il spécifie une distribution *P(e)* sur les chaînes *el* de la langue modélisée:

$$\sum_l P(e^l) = 1$$

(1.4)

Sans perte d'information, si l'on considère que *el* est une suite de *I* mots (une phrase de *I* mots), $e^l = w_1 \dots w_I$, alors:

$$P(e^I) = \prod_{l=1}^{I} P(w_i \mid \underbrace{w_1 \dots w_{l-1}}_{h})$$

Où h est appelé l'historique   (1.5)

Afin de simplifier cette modélisation, on fait l'hypothèse que le mot w_i de e^l ne dépend que des *n-1* mots précédant, ce qui permet de réécrire la probabilité $P(e^l)$ comme suit :

$P(e^l) \approx P(w_1)P(w_2 \mid w_1)P(w_3 \mid w_1w_2)\ x \dots xP(w_I \mid\ w_1w_2 \dots w_{I-2}w_{I-1})$ (1.6)

Par la suite, on appellera ce modèle de langue *modèle n-gramme*.

---

[4]   Terme venant du domaine de reconnaissance de la parole (Noisy Channel Model)

16

Ce modèle est nécessaire pour que le modèle de traduction puisse concentrer ses masses de probabilités sur des paires de phrases à peu près raisonnables.

MODÈLE DE TRADUCTION

Suite à l'application du modèle de canal bruité [Shannon 1948], le modèle de traduction modélise le processus de génération d'une phrase source à partir une phrase cible. Nous nous intéressons ici au problème du calcul de $P(f^J|e^I)$, la probabilité qu'une phrase f^J soit la traduction de la phrase e^I. On apprend ce modèle à partir d'un corpus bilingue aligné en phrases (à chaque phrase d'une langue source lui correspond une phrase dans la langue cible).

Étant donné que, généralement, les données du corpus ne sont pas assez suffisantes pour apprendre directement $P(f^J|e^I)$, nous décomposons les phrases f^J et e^I en des unités plus petites. On a alors chaque couple de phrases qui se décompose en $f^J = f_1f_2....f_M$ et $e^I = e_1e_2....e_N$ où M et N sont les nombres de subdivisions des phrases. Selon une technique d'alignement, les éléments de f^J sont ensuite mis en correspondance avec les éléments de e^I. Il est donc nécessaire d'apprendre des alignements entres les phrases du corpus parallèle utilisé.

NOTION D'ALIGNEMENT

La quasi-totalité des modèles de traduction $P(t|s)$ introduisent une variable caché A, appelée alignement, qui décrit une correspondance entre les composants d'une phrase et ceux de sa traduction.

Un modèle statistique de traduction évalue, par la quantité $P(t|s)$, la probabilité que la phrase $t = t_1t_2....t_M$ soit une traduction de la phrase $S = S_1S_2....S_M$ où les t_j et S_i sont des unités des phrases t et s. En pratique ces unités sont des mots ou des groupes des mots. La figure 2 montre un exemple d'alignement en mot et la figure (fig 3) un exemple d'alignement en groupe de mots.

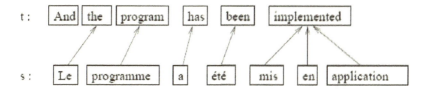

Figure 2 : Exemple d'alignement en mots pour la traduction

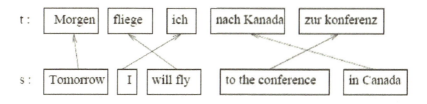

Figure 3 : Exemple d'alignement en segments pour la traduction

17

La probabilité de traduction est estimée par la somme des alignements possibles entre les éléments de **s** et ceux de **t**, on considère donc $P(s|t) = \sum_{a \in A} P(s,a|t)$, avec **a** un alignement possible entre la phrase source et la phrase cible. Cette somme est néanmoins trop grande pour être calculée directement car le nombre d'alignements croît très rapidement avec de nombre unités des phrases. A titre indicatif, pour une source de N mots et une phrase cible de **M** mots, on a $N+1^M$ alignements possibles entre les mots. En pratique, on approxime donc la somme de tous les alignements possibles par la probabilité de l'alignement le plus probable, comme montré dans l'équation suivante. Pour trouver cet alignement de probabilité maximale, on utilise l'algorithme de Viterbi.

$$P(s|t) = \sum_{a \in A} P(s,a|t) \approx max_{a \in A} P(s,a|t)$$

(1.7)

Par la suite, nous considèrerons deux techniques d'alignement : l'alignement en mots (dit « *word-based* ») où les phrases sont décomposées en mots, et l'alignement en segments (dit « *phrase-based* ») où l'unité de division de la phrase est le groupe de mots.

MODELES DE TRADUCTION A BASE DE MOTS

Dans la traduction à base de mots, les mots sont les unités fondamentales de traduction. Comme les éléments traduits sont les mots, le but est donc d'aligner les corpus parallèles en mots. Les modèles théoriques pour l'alignement en mots, que je présente ci-après, ont été proposés par IBM.

LES MODELES IBM

Les articles de références des méthodes de traduction probabilistes à base de mots d'IBM font mention de 5 modèles de traduction dont le but est d'évaluer la probabilité **P(t|s)**.

Le premier modèle d'IBM décrit dans [Brown et al. 1990] considère la distribution des mots comme uniforme, donc tous les alignements comme équiprobables (il ne prend pas en compte l'ordre des mots). Il faut attendre le deuxième modèle d'IBM, décrit dans [Brown et al., 1991], pour que l'ordre des mots soit pris en compte. Celui-ci intègre en effet un modèle de distorsion, autrement appelé modèle de ré-ordonnancement, qui représente la distance entre un mot de la phrase source **s** et le mot de la phrase cible **t** qu'il a produit. D'autre part, ce modèle permet l'alignement à un mot spécial appelé *nul* utilisé lorsqu'un ou plusieurs mots d'une phrase n'ont pas de correspondances dans l'autre phrase (formellement, il y a un mot *nul* dans chacune des langues). La probabilité **P(t|s)** est calculée à partir du corpus parallèle préalablement aligné avec un apprentissage par maximum de vraisemblance. La vraisemblance est maximisée avec l'algorithme expectation-maximisation.

Le troisième modèle d'IBM introduit la notion de fertilité qui autorise un mot source à générer plusieurs mots cible. C'est le modèle le plus utilisé dans les systèmes de traduction probabiliste car il présente le meilleur rapport complexité/efficacité. Le modèle de traduction P(s|t), dont la formule est donnée dans l'équation suivante, dépend alors de 4 paramètres :

$$P(t, a|s) = \prod_{t \in T} P(t|\hat{s}_a(t)) \times \prod_{s \in S} P(\hat{n}_a(s)|s) \times P_{distorsion}(t, a, s)$$

➢ $P(\hat{n}_a(s)|s)$ est le modèle de fertilité où $\hat{n}_a(s)$ est le nombre de mots de t alignés avec s dans l'alignement a ;

➢ P_{null} est la probabilité du mot nul ;

➢ $P(t|\hat{s}_a(t))$ est le dictionnaire sur les mots où $\hat{s}_a(t)$ est le mot **s** aligné avec **t** dans l'alignement **a** ;

➢ $P_{distorsion}(t, a, s)$ est le modèle de distorsion qui est calculé avec S_i, la position d'un mot de **s** et t_j la position de sa traduction dans **t** et N, M, respectivement, le nombre de mots des phrases source et cible.

Les modèles 4 et 5 d'IBM sont identiques au modèle 3 mais utilisent cependant une modélisation plus complexe pour le ré-ordonnancement.

LIMITATIONS DES ALIGNEMENTS EN MOTS

Cette méthode d'alignement en mots trouve ses limites au niveau des phrases dont la traduction de certains mots dépend de la traduction d'autres mots de la phrase. Le problème est dû au fait que les modèles à la base de mots partent du principe que les mots sont indépendants les uns des autres. La notion de fertilité, en effet, autorise un mot cible à être aligné avec plusieurs mots sources (traductions **m-à-1**) mais, comme le montre la figure 4, n'autorise pas que plusieurs mots cibles soient alignés avec un seul et même mot source (traductions **1-à-n**). Dans la traduction mot à mot, les modèles IBM sont capables de ne générer que des correspondances **m-à-1**. Or, pour prendre en compte toutes la complexité du langage, il est nécessaire de pouvoir générer des correspondances **n-à-m**. Pour cela, il est indispensable de considérer, non plus des mots, mais des groupes de mots.

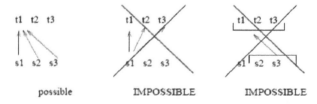

Figure 4 : Possibilités d'alignement en mots avec le modèle IBM

LES MODELES DE TRADUCTION A BASE DE SEGMENTS

Dans la suite de ce travail, nous désignerons par « segment » une séquence de mots contigus qui n'est pas forcément une phrase au sens linguistique du terme.

Dans [Och et Ney 2001], les auteurs proposent de pallier les difficultés que rencontre l'alignement en mots des modèles IBM, en introduisant la notion d'alignement de segments de phrases. Le but est de pouvoir construire des alignements **n-à-m**. Le segment devient alors une unité fondamentale de traduction. On peut alors capturer des dépendances entre les mots.

Cette notion est reprise dans [Tomas et Casacuberta 2001] puis élaborée dans [Koehn et al. 2003] sous le terme de table de traduction. Une table de traduction contient tous les alignements en segments ainsi que leurs probabilités. Cet article compare trois méthodes pour construire la table de traduction. Il en résulte que la méthode la plus efficace est celle utilisant la cohérence des blocs de l'alignement en mots présentée par [Och et al. 1999]. Très vite, les modèles de traduction basés sur les segments se révèlent plus performants que ceux basés sur les mots. Leur calcul est donné dans la formule 1.8 ci-après :

-     Le modèle de langage : **P(t)**

-     Le modèle de traduction : **P(s,t)**

-     Le modèle de distorsion ou de ré-ordonnancement : $\Omega(s|t)$

$$P(t|s) = P(t) \times P(s,t) \times \Omega(s|t)$$

(1.8)

ALIGNEMENT EN SEGMENTS

Plusieurs heuristiques sont alors imaginées pour effectuer l'alignement des phrases en segments et créer la table de traduction. La plus utilisée est celle qui consiste à aligner le corpus en segments de phrases à partir de l'alignement en mots du corpus [Och et al.1999]. Les principales étapes de l'alignement en segments d'un corpus sont les suivantes :

On crée un corpus bidirectionnel aligné en mots en affectant un alignement, selon un modèle à base de mots, dans le sens phrase source vers phrase cible puis dans le sens inverse phrase cible vers phrase source.

On considère l'intersection pour augmenter le rappel sans perdre en précision. Il y a plusieurs stratégies possibles qui dépendent de la taille du corpus et de la paire de langues.

Après avoir collecté les paires alignées de segments, on estime leur probabilité avec la fréquence relative afin de construire la table de traduction. On attribue ensuite la probabilité suivante à chaque bi-segment :

$$P(s|t) = \frac{count(s,t)}{\sum_s count(s,t)} \text{ et } P(t|s) = \frac{count(s,t)}{\sum_t count(s,t)}$$

(1.9)

Lors de la traduction, la phrase source **S** est alors décomposée en segments. Tous ces segments sont traduits en langue cible à l'aide du modèle de traduction et les segments sont ensuite réordonnancés avec le modèle de distorsion.

Une des limites des modèles basés sur les segments concerne leur application pour des segments non contigus (une extension a été proposée par [Cancedda et al.2009]).

D'autre part, il est à noter l'espace nécessaire pour stocker la table de traduction et le nombre d'hypothèses à explorer augmente considérablement avec la taille du corpus.

DECODAGE

Le processus de traduction qui consiste à transformer une phrase source en phrase cible est appelé décodage dans le domaine de la traduction automatique probabiliste. Ce terme est inspiré de l'idée de l'ancien cryptographe militaire Warren Weaver[5] qui considérait une phrase en Russe comme une phrase en anglais chiffrée, d'où le terme *décodage*.

En traduction automatique probabiliste l'approche du décodage la plus courante [Wang and Waibel, 1997] est une généralisation de l'algorithme de décodage par piles utilisé en reconnaissance vocale et introduit par [Jelinek, 1969].

Le décodeur utilise la fonction de densité fournie par le modèle pour générer le document cible ayant la plus grande probabilité de traduire un document source donnée. Cette tâche peut être accomplie en résolvant l'équation suivante :

$$\hat{e} = \underset{e}{argmax}\ P(e^{I} \mid f^{J})$$
(1.10)

Où f^{J} est le document source et e^{I} est l'ensemble des documents de la langue cible.

EVALUATION DE LA QUALITE DES TRADUCTIONS

Une fois qu'une traduction est réalisée, il s'agit d'en évaluer la qualité. Par exemple, pour une phrase source : « La pratique, c'est quand tout fonctionne et que personne ne sait pourquoi. »; les traductions suivantes obtenues par plusieurs traducteurs automatiques, ne sont pas de la même qualité :

Google: The practice is when everything works and nobody knows why.

Systran: The practice, it is when all functions and that nobody knows why.

Reverso: The practice, it is when everything works and when nobody knows why.

Applied language: The practice, it is when all works and that nobody knows why.

Promt : Practice, it is when everything works and what nobody knows why.

Pour évaluer la qualité des systèmes de traductions automatiques, plusieurs approches sont utilisées.

ÉVALUATION HUMAINE

---

[5]   Scientifique américain, mathématicien et administrateur de la recherche. Il est principalement connu comme un des pionniers de la traduction automatique et comme une importante figure de la promotion des sciences aux USA à travers la Fondation Rockefeller. Il a développé en 1944 la théorie de l'information en collaboration avec Claude Shannon.

Lors d'une évaluation humaine de la traduction automatique, on demande à plusieurs participants d'évaluer chaque traduction en fonction de critère précis. Les critères de qualité peuvent être multiples et inclure, par exemple, des critères de correction grammaticale et de fidélité au sens du texte. Ces critères de qualité constituent la vraie mesure de la qualité du système, mais requièrent une coûteuse intervention humaine. Par ailleurs, toute évaluation subjective souffre des problèmes de non reproductibilité et de variabilité inter-annotateur.

C'est pourquoi plusieurs mesures automatiques ont été développées au fil des années. Leur objectif est d'être corrélé avec les scores que produirait une évaluation humaine, tout en étant beaucoup moins coûteuse.

ÉVALUATION AUTOMATIQUE

Les évaluations automatiques ont besoin d'une ou plusieurs traductions qui seront considérées comme des références pour la traduction d'une phrase source. Les mesures automatiques ont pour but de déterminer le degré de ressemblance entre la traduction proposée par le système et la/les traductions de référence. La qualité de la traduction de référence est donc très importante. Les mesures présentées ci après sont parmi les plus utilisées dans la communauté de la traduction automatique.

Le score BLEU (Bilingual Evaluation Understudy) est proposé par [Papineni et al. 2001]. L'idée principale est la comparaison de la sortie du traducteur avec une/des traductions de référence. Les statistiques de cooccurrence et de n-grammes, basées sur les ensembles de n-grammes pour les segments de traduction et de référence, sont calculées pour chacun de ces segments et sommées sur tous les segments. Cette moyenne est multipliée par une pénalité de brièveté, destinée à pénaliser les systèmes qui essaieraient d'augmenter artificiellement leurs scores en produisant des phrases délibérément courtes. Le score BLEU varie de 0 à 1 et il est d'autant meilleur qu'il est grand. BLEU a gagné le statut de mesure automatique de référence au sein de la communauté de traduction automatique.

Le score NIST (National Institue of Standards and Technology) qui a été proposé en 2002 [Doddington, 2002], reprend le principe du score BLEU et l'adapte légèrement. La modification la plus notable est que, dans le score NIST, les $n$grammes sont pondérés par leur quantité d'information, et par leur fréquence : les $n$grammes rares contribuent plus au score final que les $n$grammes fréquents. Par ailleurs, l'expression de la pénalité de brièveté est légèrement différente de celle de BLEU, et enfin le score NIST prend en compte les précisions d'1grammes jusqu'à 5grammes.

Le score METEOR [Banergie et Lavie, 2005] introduit plusieurs concepts intéressants. Un algorithme à plusieurs passes est employé. Il existe plusieurs autres mesures de la qualité de traduction. Le nombre important de mesures automatiques est représentatif de la difficulté d'évaluer la qualité d'une traduction. Déterminer la qualité d'une traduction est un problème difficile et ouvert.

Dans ces travaux, les performances des traductions et la qualité des systèmes seront présentées en termes de score BLEU qui est la métrique la plus utilisée dans la communauté de la traduction automatique.

Dans ce chapitre, nous avons commencé par présenter l'approche générale en traduction probabiliste, en présentant les formalisations mathématiques associées. Pour résumer, la traduction statistique se fonde sur deux modèles : le modèle de traduction et le modèle de langage, utilisés tous deux par un décodeur pour traduire entre deux couples de langues. Ces modèles ont été adoptés durant toutes nos expériences.

CHAPITRE 2 : LANGUE ARABE ET TALN[6]

INTRODUCTION

La langue arabe fait partie de la famille des langues sémitiques[7]. Elle utilise pour la conjugaison du verbe et pour la déclinaison du nom, des indices d'aspect, de mode, de temps, de personne, de genre, de nombre et de cas qui sont en général des affixes. L'alphabet arabe se compose surtout de vingt-huit lettres qui sont des consonnes, dont trois sont des semi-consonnes ou voyelles longues. Aussi elle est représentée par une écriture curviligne composée de consonnes liées entre elles et s'écrivant de droite à gauche. Certaines de ces consonnes changent de forme selon leur place dans le mot. Recouvrant une grande partie du Proche-Orient asiatique, tout le nord de l'Afrique jusqu'à l'Atlantique, elle est aussi étendue en Asie centrale, en Méditerranée et en Afrique sub-saharienne.

Lettre arabe	Correspondant français	Prononciation	Lettre arabe	Correspondant français	Prononciation
ا	a	Alef	ض	d	Dad
ب	b	Ba'	ط	t	Tah
ت	t	Ta'	ظ	z	Zah
ث	th	Tha'	ع	' '	Ayn
ج	j	Jim	غ	gh	Ghayn
ح	h	Hha'	ف	f	Fa
خ	kh	Kha'	ق	q	Qaf
د	d	Dal	ك	k	Kaf
ذ	d	Thal	ل	l	Lam
ر	r	Ra	م	m	Mim
ز	z	Zayn	ن	n	Nun
س	s	Sin	ه	h	Ha
ش	sh	Shin	و	w	Waw
ص	s	Sad	ى	y	Ya

Tableau 1 : Les 28 lettres Arabe [Leclerc, 2000]

ORIGINE DE LA LANGUE ARABE

La première grammaire arabe, rédigée par Sibawahi (8e siècle) dans 'Al-Kitab ' constitue le premier travail de normalisation de la langue. Il a répondu aux inquiétudes des religieux, qui à l'époque des premières conquêtes musulmanes, voulaient éviter tout risque de corruption de la parole divine pouvant résulter de la manipulation de la langue par les nouveaux convertis à l'Islam d'origine.

---

[6]   Traitement Automatique des Langages Naturels

[7]   Les langues sémitiques font partie de la famille des langues afro-asiatiques, et sont parlées en Afrique septentrionale et saharienne ainsi qu'au Proche-Orient et au Moyen-Orient

VARIETES

Les nombreux linguistes qui se sont intéressés à la structuration de la langue arabe reconnaissent au moins deux variétés principales : la variété dite « classique », « littérale » ou encore « littéraire » ; et l'arabe dialectal, forme régionale aux caractéristiques singulières. Entre ces deux formes apparaît une variété intermédiaire, écrite et parlée, et désignée sous le terme « d'arabe standard Contemporain » [M. Mikael Parkvall, 2010].

L'ARABE CLASSIQUE

C'est une forme linguistique ancienne dont la grammaire a été fixée entre le 8e et le 10e siècle. L'arabe classique (dit aussi arabe « coranique ») n'est plus que la langue du patrimoine culturel grâce à ses œuvres classiques et son livre sacré : le Coran. L'arabe classique est appris dans les établissements d'enseignement à travers la littérature arabe classique et les cours de théologie. L'objectif de la normalisation de la langue arabe est donc, à l'origine, d'assurer « la pureté linguistique » du texte sacré.

L'ARABE STANDARD CONTEMPORAIN OU MODERNE

Il s'agit d'une variante moins formelle que l'arabe classique. On parle également d'arabe « littéral » conférences et des discours politiques. Ce registre de langue permet la fixation d'une norme linguistique et l'existence d'une forme écrite, stabilisée, diffusée par le biais d'un enseignement formel et par les médias. Ainsi l'arabe standard conserve le monopole dans toute la vie officielle, administrative et universitaire. C'est aussi par le biais de cette langue « supra-nationale », que deux locuteurs arabophones « cultivés » d'origines dialectales différentes sont susceptibles de se comprendre.

Au niveau linguistique, l'arabe standard contemporain/moderne ne peut être distingué de l'arabe classique dont il a gardé presque intégralement la morphologie et la syntaxe ; seuls quelques procédés syntaxiques anciens ont évolué vers de nouvelles formes. Le lexique fortement « contrôlé » et dirigé par des contraintes formelles strictes s'organise autour d'un nombre fini de racines et de schèmes. L'intégration de nouveaux mots, généralement empruntés aux langues européennes comme le français, l'italien ou l'anglais pour expliquer les concepts issus du développement technologique du 19ième siècle, se fait toujours en fonction des règles imposées par le système arabe [M. Mikael Parkvall, 2010].

L'ARABE MEDIAN

Selon [Youssi et Abderrahim, 1995], trois variétés linguistiques sont parlées sur les différents territoires arabophones : l'arabe standard moderne d'une part, l'arabe dialectal d'autre part et, entre ces deux systèmes couramment admis, l'arabe médian qui se serait développé parmi la communauté intellectuelle arabophone. L'arabe médian est une forme intermédiaire entre l'arabe moderne et dialectal. Dans ses variétés moyen-orientales, on le désigne sous le terme « d'arabe parlé formel » [Tarrier, 1991] et au Maghreb sous le terme « d'arabe médian » [Taine-Cheikh, 1978]. Cette variété, décrite à la fois comme une variante simplifiée de l'arabe littéral moderne et une forme élevée de l'arabe dialectal, confirme la syntaxe et la morphologie du dialecte et un lexique mixte constitué de mots empruntés au dialecte et à l'arabe standard.

L'ARABE DIALECTAL

Il est utilisé dans l'expression de la vie quotidienne locale. C'est la langue vernaculaire de l'ensemble des arabophones. Les dialectes arabes sont les langues maternelles des populations des différents pays arabes, et ces formes linguistiques sont parfois très distinctes d'une région à l'autre. Acquis dès la petite enfance, l'arabe dialectal se distingue de la langue standard, enseignée à l'école et théoriquement commune à l'ensemble des pays arabes, par de nombreux points et à tous les niveaux de la langue (i.e. syntaxe, morphologie, phonologie, phonétique, lexique...) [M. Mikael Parkvall, 2010].

MORPHOLOGIE DE LA LANGUE ARABE

PRESENTATION

La langue arabe est composée de toutes les primitives linguistiques de l'arabe telles que les particules, les schèmes des verbes, les schèmes des noms dérivés, les affixes et les noms particuliers, ainsi que toutes les concaténations possibles entre elles. La réalisation de ces données nécessite une organisation bien adaptée qui nous permettra de les exploiter rigoureusement. Ainsi, les chercheurs présentent une organisation particulière basée sur les concepts de classes et d'objets.

L'idée de base de cette organisation est de considérer chaque primitive morphologique comme un objet pour obtenir un ensemble d'objets morphologiques qu'ils organisent sous forme de classes dont chacune représente une famille de données linguistiques de même nature ayant les mêmes caractéristiques morphologiques. Les classes morphologiques sont elles-mêmes structurées dans un ensemble de classes selon le type des primitives morphologiques que chaque classe représente.

Ainsi, ces dernières contiennent toutes les composantes morphologiques de la langue arabe telles que les schèmes des verbes, les schèmes des noms dérivés, les particules, les affixes et les noms particuliers. Chacune de ces composantes morphologiques est définie par un ensemble de caractéristiques présentant le genre, le nombre, la valeur grammaticale, etc. Ces caractéristiques sont nommées des descripteurs morphologiques. Pour faire correspondre entre chaque composante morphologique à son ensemble de descripteurs on a définit un deuxième type de classes appelées classes de propriétés morphologiques. Chacune de ces classes comporte des descripteurs morphologiques de même nature.

On a définit également les classes de règles (CLR) qui représentent toutes les concaténations possibles entre les différentes composantes morphologiques déterminées dans les classes morphologiques. Ainsi chaque classe de règles représente une famille de mots arabes complets.

L'objectif de l'utilisation de ce type de classes est, d'une part, d'éviter la redondance, et d'autre part, de réduire le nombre des règles de concaténation [Youssef Tahir et al. ,2004].

On a aussi organisé toutes ces classes en plusieurs paquetages selon le type de chacune. Ainsi, on a obtenu quatre paquetages qui contiennent toutes les classes morphologiques : le paquetage des affixes, le paquetage des particules, le paquetage des verbes et le paquetage des noms. Ces quatre paquetages dépendent du paquetage des propriétés qui regroupe toutes les classes de propriétés. La dernière partie de notre base de données est représentée par le paquetage des règles qui contient toutes les classes des règles de concaténations morphologiques. Notons que ce dernier paquetage dépend de tous les autres paquetages.

CLASSE DES VERBES

Le système morphologique des verbes arabes est d'une part robuste et totalement régulier dans le cas des verbes sains الأفعال الصحيحة en se basant sur la représentation « racines – schèmes », et d'autre part, irrégulier dans le cas des verbes non-sains الأفعال المعتلة et des verbes incomplets الأفعال الناقصة (une famille ne peut pas prendre certaines formes de conjugaison, d'où la raison de l'appellation « incomplet »). La représentation « **radical – affixes de conjugaison** » des verbes arabes rend régulières toutes les règles de conjugaison aussi dans le cas des verbes non-sains. Cette représentation est fondée sur la décomposition de la forme conjuguée d'un verbe arabe en deux parties complémentaires. La première, dite radical, est inchangée par rapport au genre, nombre et personne. La deuxième partie est appelée affixes de conjugaison [Youssef Tahir et al. ,2004], dépend du genre, du nombre et de la personne ainsi que du temps de conjugaison et est indépendante du schème du verbe à l'infinitif. Elle est représentée par un suffixe dans le cas du passé « الماضي » (par exemple : ذهبت elle est allée) et de l'impératif « اذهبي,va » et par un couple « préfixe – suffixe » dans le cas du présent « تذهب, elle va ».

la morphologie des verbes arabes est donc une morphologie compositionnelle : le verbe est composé de deux parties : un objet radical et un ou plusieurs objets affixes de conjugaison.

La modélisation de cette structure a nécessité la représentation d'un paquetage des verbes, qui contient les radicaux de tous les verbes avec une classification en cinq sous paquetages :

Le paquetage des verbes sains, non sains et incomplets qui détermine respectivement tous les radicaux des verbes sains (105 radicaux), non sains (137 radicaux) et incomplets. Ces radicaux sont partagés sur plusieurs classes morphologiques selon le temps de conjugaison et la nature de chaque radical. En plus il y a deux autres paquetages complémentaires.

CLASSE DES SCHEMES D'ORIGINE

Il comporte les classes d'origine de chaque radical utilisé dans les trois premiers paquetages. Chacune de ces classes nous permet d'identifier le schème d'origine pour un radical donné en utilisant un code intermédiaire

CLASSE DES UNIONS DES RADICAUX

Il contient un ensemble de classes d'union. Chacune de ces classes rassemble tous les radicaux qui acceptent les mêmes affixes.

CLASSE DES NOMS

Le système morphologique des noms arabes fondé sur deux catégories des noms. La première catégorie regroupe tous **les noms dérivés** qui sont obtenus par l'usage des règles de dérivation. Un nom dérivé se définit par sa représentation morphologique « racine – schème ». La seconde catégorie rassemble tous **les noms particuliers** qui ne respectent aucune règle de dérivation. Ainsi pour l'étude de cette catégorie on se réfère à un lexique qui contient tous les noms particuliers. On distingue également entre les noms ayant la propriété مُعْرَب qui possèdent généralement six formes et ceux ayant la propriété مبني qui possède une seule forme. Ces éléments constituent des mots arabes complets. Pour les noms qui représentent la partie invariante seule. Celle-ci accepte nécessairement l'utilisation d'une famille particulière de suffixes pour créer un nom arabe complet.

Afin de représenter ce système morphologique, nous offrons un paquetage des noms arabes qui se compose de deux sous paquetages : le paquetage des noms dérivés et le paquetage des noms particuliers.

CLASSE DES NOMS DERIVES

Il contient 184 schèmes de noms dérivés et organisé en huit classes. Ces dernières classes sont définies par l'acceptation ou le refus des suffixes de dual, suffixes de pluriels et suffixes de passage au féminin

2 CLASSE DES NOMS PARTICULIERS

Ce paquetage comporte tous les noms particuliers de l'arabe. Il se compose de deux sous paquetages; le premier est concerne les noms particuliers tels que , أسماء الموصول, أسماء الإشارة الضمائر المنفصلة et les nombres. Ce paquetage est formé de 85 composantes morphologiques ayant toutes la propriété morphologique مبني /mabniy/. Il est formé de huit classes dont trois sont abstraites. Le deuxième sous paquetage contient tous les autres noms particuliers qui sont indépendant à des classes du premier sous paquetage.

STRUCTURE D'UN MOT ARABE

En arabe un mot peut désigner toute une phrase grâce à sa structure composée qui est une agglutination d'éléments de la grammaire, la représentation suivante schématise une structure possible d'un mot. Remarquons que la lecture et l'écriture d'un mot se fait de droite vers la gauche.

Post fixe	Suffixe	Corps schématique	Préfixe	Antéfixe

Les antéfixes sont des prépositions ou des conjonctions, les préfixes et suffixes expriment les traits grammaticaux et présentent les fonctions : cas du nom, mode du verbe et les modalités (nombre, genre, personne,...), post fixes sont des pronoms personnels.

Exemple

أتتحَمَلوننا (En français: Est ce que vous pouvez nous supporter?)

La segmentation de ce mot donne les caractéristiques suivantes:

نا ون تحَمَلُ ت أ...

Antéfixe : أ conjonction d'interrogation.

Préfixe : تَ préfixe verbal du temps de l'inaccompli.

Corps schématique: تحَمَلُ dérivé de la racine: حمل ,

Suffixe : ون suffixe verbal exprimant le pluriel.

Post fixe : ك pronom suffixe complément du nom.

CATEGORIES DU MOT

L'arabe considère 3 catégories de mots :

Le verbe: Entité exprimant un sens dépendant du temps, c'est un élément fondamental auquel se relient directement ou indirectement les divers mots qui constituent l'ensemble.

Le nom: Il définit un être ou un objet qui exprime un sens indépendant du temps.

Les particules: entités qui situent les événements et les objets par rapport au temps et l'espace, et permettent un enchaînement cohérent du texte.

LE VERBE

La majorité des mots en arabe, dérivent d'un verbe de trois lettres. Alors chaque verbe est la racine d'une famille de mots. Comme en français, le mot en arabe découle de la racine en rajoutant des suffixes ou des préfixes.

Les facteurs de conjugaison des verbes sont :

- ✓ Le temps (accompli, non accompli).

- ✓ Le nombre du sujet (singulier, pluriel).

- ✓ Le genre du sujet (masculin, féminin).

- ✓ La personne (première, deuxième et troisième)

- ✓ Le mode (active, passive).

Par exemple : د + ه + ب d+h+b donne le verbe ذهب dahaba. (aller).

Dans tous les mots qui dérivent de cette racine, on trouvera ces trois lettres d, h, b.

La conjugaison des verbes se fait en ajoutant des préfixes et des suffixes.

On distingue dans la langue arabe trois temps :

• L'accompli : correspond au passé et se distingue par des suffixes (par exemple pour le pluriel féminin on a ذهبن dahabna, elles sont allées et pour le pluriel masculin on a ذهبوا dahabuu, ils sont allés).

• L'inaccompli présent : présente l'action en cours d'accomplissement, ses éléments sont préfixés (يذهب yadhabu il va; تذهب tadhabu, elle va).

• L'inaccompli futur : correspond à une action qui se déroulera au futur et est marqué par l'antéposition de س sa ou سوف sawfa au verbe (سيذهب sayadhabu il ira).

LES NOMS

Les noms arabes sont de deux catégories, ceux qui sont dérivés de la racine verbale et ceux qui ne le sont pas comme les noms propres et les noms communs. Dans le premier cas, le fait que le nom soit dérivé d'un verbe, il décrit donc une certaine sémantique qui pourrait avoir une influence dans la sélection des phrases importante d'un texte pour le résumé.

La terminaison des noms se fait selon les règles suivantes:

- Le féminin singulier: On additionne le ة, exemple صغير petit devient صغيرة petite.

- Le féminin pluriel : De la même façon, on rajoute pour le pluriel les deux lettres ات, exemple صغير petit devient صغيرات petites.

• Le masculin pluriel : Pour le pluriel masculin on additionne les deux lettres ين ou ون dépend de la position du mot dans la phrase (sujet ou complément d'objet), exemple : الراجع revenant devient الراجعون ou الراجعين revenants

• Le Pluriel irrégulier: Il y a complexité de règles et dépend du nom. Exemple : طفل un enfant devient أطفال des enfants.

LES PARTICULES

Ce sont principalement les mots outils comme les conjonctions de coordination (comme: ثم, و, ف) et de subordination (التي, الذي...qui, que..). Les particules sont classées selon leur sémantique et leur fonction dans la phrase, on décrit plusieurs types (introduction, explication, conséquence, ...). Elles sont importantes dans l'interprétation de la phrase .Elles situent des faits ou des objets par rapport au temps ou au lieu, elles sont importantes dans la cohérence et l'enchaînement d'un texte.

Comme exemple de particules qui signifient un temps منذ, قبل, بعد pendant, avant, après, un lieu حيث où, ou de référence الذين ceux,....

PROBLEMES DE LA LANGUE ARABE EN TALN

Nous abordons le problème de l'étiquetage grammatical de l'arabe en reprenant les méthodes couramment utilisées, lesquelles sont basées sur des règles de succession de deux ou trois catégories grammaticales. Nous ne pouvons pas reprendre tels quels les algorithmes préconisés pour le français ou pour l'anglais, car pour l'arabe, on rencontre deux problèmes essentiels : l'absence des voyelles et l'agglutination. Ceux-ci mènent à une combinatoire qui conduit à réécrire partiellement ces algorithmes. Ainsi pour résoudre les ambiguïtés grammaticales, il faut traiter en plusieurs étapes (analyse morphologique, reconnaissance des locutions et étiquetage grammatical), chaque étape conduisant sa participation dans le processus général. Les résultats obtenus pour l'arabe voyellé sont semblables à ce que l'on obtient pour le français ou pour l'anglais. Pour l'arabe non voyellé par contre, les performances diminuent.

ABSENCE DES VOYELLES

Les signes de « voyellation » (شكل), qui sont écrits sous la forme de signes diacritiques placés au dessus ou au dessous des lettres, apparaissent dans certains textes (coran, hadith) ou littéraires (poésie classique notamment) : on dira qu'ils sont présentés en graphie voyellée . La non voyellation pose des problèmes d'ambiguïtés lexicales et morphologiques.

Par exemple : le mot arabe fataha فتَح est un verbe à la 3è personne masculin singulier de l'accompli actif, par contre sa forme non voyellée فتح (dans l'exemple donné ne sont représentées que les consonnes FTH) admet quatre catégories grammaticales :

> Substantif masculin singulier (Fathun : une ouverture),

> Verbe à la 3è personne masculin singulier de l'accompli actif (Fataha : il a ouvert)

> Verbe à la 3ème personne masculin singulier de l'accompli passif (Futiha : il a été ouvert).

> Verbe à l'impératif 2ème personne masculin singulier (aftah: fais ouvrir).

En arabe chaque lettre de chaque mot possède sa voyelle ce qui n'est en général pas le cas pour l'autre langue. On constate donc l'importance du rôle que jouent les voyelles dans les mots arabes, non seulement parce qu'elles enlèvent l'ambiguïté, mais aussi parce qu'elles donnent l'étiquette grammaticale d'un mot indépendamment de sa position dans la phrase [Anis ZOUAGHI et al. ,2004].

LA SEGMENTATION DES TEXTES

La segmentation du texte arabe en phrases est difficile car d'une part la ponctuation est rarement utilisée et d'autre part cette ponctuation ne reflète pas la seule possibilité de segmentation des phrases, ce qui nécessite des analyses locales au niveau du texte afin de pouvoir segmenter : d'où le paradigme »segmenter pour analyser ou analyser pour segmenter ? ». D'autre part, la segmentation manuelle en phrases n'est pas évidente, elle peut différer d'une personne à une autre [Chafik Aloulou et al. 2004].

PROBLEME DE L'ORDRE DES MOTS DANS LA PHRASE

Si on veut approfondir cette étude qui concerne une phrase ou un texte, on rencontre d'autres problèmes liée à l'arabe c'est l'ordre des mots dans les phrases qui est variable, on met les mots clés au début de la phrase ou bien on la termine par le terme le plus long ou le plus riche en sens ou en sonorité. En arabe, on a le libre choix du terme qu'on veut mettre en valeur, cet ordre, relativement libre des mots provoque des ambigüités syntaxiques artificielles dans la mesure où il faut prévoir dans la grammaire toute les règles de combinaisons possibles d'inversion de l'ordre des mots dans la phrase [Chafik Aloulou et al. 2004].

PROBLEMES DE PROCLITIQUE

Réciproquement aux langues latines, en arabe, les articles, les prépositions, les pronoms, etc. sont liés aux adjectifs, noms, verbes et particules auxquels ils se rapportent. Comparé au Français, un mot arabe peut parfois signifier une phrase en français [Chafik Aloulou et al. 2004].

Exemple :

Le mot arabe "أتحبوننا" correspond en français à la phrase "Est-ce que vous nous aimez ? "

Cette caractéristique pose une ambiguïté morphologique au cours de l'analyse. En effet, il est difficile de distinguer entre une proclitique ou enclitique et un caractère original du mot. Par exemple, le caractère "و" dans le mot ("وقع" il est tombé) est un caractère original alors que dans le mot ("وذهب" et il va), il s'agit d'une proclitique ("ذهب" + "و").

CONCLUSION

Plusieurs recherches sont en cours d'étude dans le cadre du traitement automatique de la langue arabe, mais on a trouvé des difficultés à cause de l'ambiguïté due surtout à l'absence de voyelles amplifiée par l'agglutination des mots par rapport à d'autres langues comme le français ou l'anglais.

PARTIE II : OUTILS ET DONNEES POUR LA TA ARABE/ANGLAIS

CHAPITRE3 : CONSTRUCTION D'UN SYSTEME DE TRADUCTION AUTOMATIQUE

INTRODUCTION

Nous avons abordé dans la partie précédente les systèmes de traduction probabiliste d'un point de vue formel. Nous décrivons ici les différents outils utilisés pour construire notre système de traduction automatique.

OUTILS UTILISES

Dans ce travail, la création des systèmes de traduction automatique statistique s'est faite à l'aide de plusieurs outils. Ces outils sont de trois types différents. Les premiers concernent l'apprentissage du modèle de langage et du modèle de traduction, ainsi que le décodage. Ceux ci sont des outils disponibles en licence GPL sur le Web et téléchargeables gratuitement. Les deuxièmes sont des outils pour la normalisation des corpus afin de les rendre utilisable par les outils du premier type. Ceux-ci sont sous forme de scripts développés par des membres de l'équipe GETALP où je fais mon stage. Les troisièmes sont dédiés à l'évaluation de la qualité des résultats obtenus. Ceux ci sont aussi disponibles gratuitement sur le Web. Avant de détailler les étapes de la création des systèmes de traduction, je vais citer en détail tous les outils utilisés.

• **SRILM** est une boîte à outils pour la construction et l'application de modèles de langage statistiques, principalement destinée à être utilisée en reconnaissance automatique de la parole et en traduction automatique statistique. SRILM est toujours en cours de développement et de nouvelles versions sont régulièrement diffusées.

• **GIZA++** est une librairie implémentant les algorithmes d'alignements sur corpus parallèles utilisés pour la traduction automatique par des méthodes statistiques. Cet outil est utilisé lors de la phase d'apprentissage du modèle de traduction et implémente les modèles IBM décrits dans le chapitre 1.

• **MOSES** est une boîte à outils très performante qui implémente les algorithmes d'apprentissage et de décodage pour les systèmes de traduction automatique statistique. Dans cette boîte à outils, il y a aussi des scripts « prêts à l'emploi » qui réalisent toutes les étapes avec des options par défaut. Cet outil est gratuitement disponible sur le web et est toujours en cours de développement.

MOSES

Le package de traduction probabiliste MOSES, a été présenté pour la première fois en 2007[Koehen et al, 2007]. Ce package est distribué sous licence libre GPL et est activement développé. Il dispose de nombreuses caractéristiques intéressantes, comme la possibilité d'exploiter des modèles de traduction factorisés ou des modèles de distorsion lexicalisés, de traduire des réseaux de confusion, de spécifier la traduction de certains mots *via* un fragment de code XML, etc.

MOSES est conçu en plusieurs modules, nous en décrivons les principaux:

1. **Train-MOSES** qui permet de préparer les données d'entraînement et de test et de réaliser l'apprentissage.

2. **MERT-MOSES** qui permet d'ajuster les poids des différents modèles composants le système de traduction afin d'optimiser la performance de la traduction lors de ce qu'on appelle la phase de développement.

3. **MOSES-cmd** qui contient les outils et l'exécutable de décodage des systèmes de type *Phrase-Based* (traduction à base de séquences).

4. **MOSES_Chart-cmd** qui contient les outils et l'exécutable de décodage des systèmes de type *Hierarchical-Phrase-Based* (systèmes hierarchiques, voir chapitres suivants).

BITEXTE

Le point de départ de l'apprentissage est ce que l'on appelle le bitexte. Un bitexte représente un corpus bilingue parallèle (un texte dans une langue de départ et sa traduction) où les liens de traduction entre les phrases ou groupes de phrases sont explicites.

Un bitexte est obtenu à partir d'un corpus bilingue en alignant le corpus au niveau des phrases. Il existe deux types d'information exploités dans les algorithmes d'alignement :

-Les informations métriques : [Church et William Gale 1991] qui utilisent la longueur des phrases (en terme de nombre de caractères ou mots) comme critère de mise en correspondance..

- Les informations à caractère linguistique : [Simard et al., 1992] où on propose d'aligner des corpus bilingues en exploitant le fait que deux phrases en relation de traduction dans deux langues proches partagent souvent des mots communs ou proches: comme des noms propres, des données chiffrées, ou encore des mots partageant la même racine. (Exemple : accès/access, activité/activity, parlement/parliament...).

CREATION D'UN SYSTEME DE TRADUCTION

En utilisant la boite d'outils MOSES la création du système de traduction suit le modèle présenté dans la figure 5 proposé par les développeurs de ces outils.

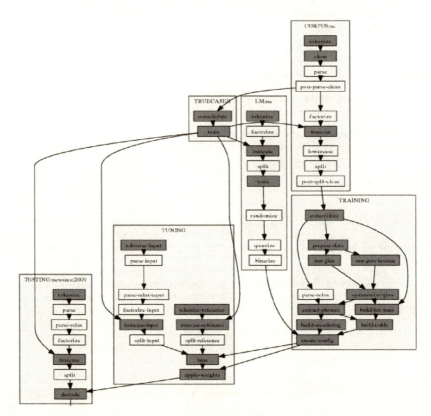

Figure 5 : Exemple typique d'utilisation de la boite d'outil MOSES pour construire un système de traduction automatique statistique[8]

ARCHITECTURE DE TRAVAIL

La création d'une architecture de travail est la première étape de la création d'un système de traduction. Cette architecture, correspond à la figure 6, contient deux répertoires principaux, le premier contient les corpus d'apprentissage et le modèle de langage et le second contient les scripts.

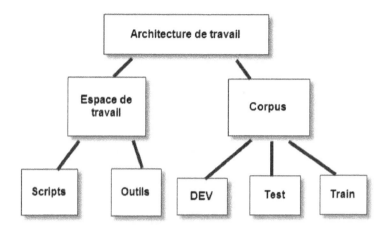

Figure 6 : Architecture de travail pour la création d'un système de traduction

Il faut ensuite copier les corpus parallèles normalisés dans ces répertoires. On nomme L1 et L2, les deux langues de la traduction.

APPRENTISSAGE DU MODELE DE TRADUCTION

La partie la plus importante dans la création d'un système de traduction est l'apprentissage du modèle de traduction. Cette étape est effectuée à l'aide du script *train-factored-phrase-models.perl*. C'est une étape qui prend beaucoup de temps (évidemment selon la taille du corpus et les capacités de la machine). A l'issue de cet apprentissage, on obtient, entre autres, une *table* de traduction *(Phrase Table)* qui contient les alignements entre tous les segments (appris automatiquement). Pour lancer tout l'apprentissage, il faut se placer dans le répertoire de travail, et taper la commande :

./scripts/train-factored-phrase-model.perl --corpus ./corpus/train --f L2 --e L1 --lm 0:3/lechemin/decoder/corpus/L1.lm3/ -alignement growdiag- final-and -reordering msd-bidirectional-fe

Dans cette commande, la langue de l'option **e** est la langue cible (celle pour laquelle on a créé le modèle de langage), la langue de l'option **f** est la langue source, et sur une machine multiprocesseurs, on peut ajouter l'option –parallel. La *Phrase Table* obtenue est un fichier du répertoire *model* de plusieurs centaines de milliers de lignes du type:

L2 ||| L1 ||| alignL2 ||| alignL1 ||| Num1L2 Num2L2 Num1L1 Num2L1 2.718

Où cette table, comme dans la figure 7, contient les couples des segments alignés et les scores associés à cet alignement, utilisés par le décodeur dans la traduction.

37

```
ان ها في ||| it's on ||| (0) (0) (1) ||| (0,1) (2) ||| 0.142857 0.0125485 0.25 0.00756675 2.718

ان ها في ||| it's at ||| (0) (0) (1) ||| (0,1) (2) ||| 0.2 0.0206346 0.0833333 0.0103396 2.718

ان ها في ||| it's in ||| (0) (0) (1) ||| (0,1) (2) ||| 1 0.0221219 0.25 0.0209996 2.718

ان ها في  ||| there's one on ||| (0) (1) (2) ||| (0) (1) (2) ||| 0.5 8.98343e-05 0.0833333 3.92523e-07
2.718
```

Figure 7 : Exemple de table de traduction d'un système de traduction Arabe-Anglais basé sur l'approche Phrase Based

OPTIMISATION ET TRADUCTION

Cette étape contient deux parties, la première est l'ajustement des poids qui se fait avec l'outil *mert-moses.perl* et la seconde est le décodage du corpus de test qui se réalise en utilisant Moses qui choisit la meilleure traduction parmi toutes les traductions possibles d'une phrase.

AJUSTEMENT DES POIDS

Dans cette étape, on a besoin d'un corpus de développement bilingue.

./ scripts/ mert-moses.pl   −nonorm   --rootdir=/ lechemin/ moses/ scripts   --working-dir=./ mert1/

../ dev/ dev.L1 ../ dev/ dev.L2 / lechemin/ moses/ moses-cmd/ src/ moses ./ model/ moses.ini

L'option *−rootdir* affecte un chemin vers les scripts de moses. L'option *−workingdir* définie le répertoire de sortie. Il contiendra entre autres un fichier moses.ini avec les nouveaux poids optimisés.

TRADUCTION DU CORPUS DE TEST

Dans cette phase on a donc besoin d'un corpus de test bilingue, décomposé en deux fichiers : l'un contient les phrases à traduire et l'autre les références (en vue de l'évaluation de la performance).

Avant de procéder au décodage, il est nécessaire de filtrer la table de traduction car celle-ci est souvent trop volumineuse pour pouvoir être chargée en mémoire. La filtrer consiste à repérer les segments présents dans le corpus de test et de sélectionner uniquement les lignes qui les contiennent.

/lechemin/moses/scripts/training/filter-model-given-input.pl ResTest./mert1 /moses.ini ../test/test-L2.tx   Le décodage consiste alors à exécuter :

/lechemin/moses/moses-cmd/src/moses -f ./ResTest/moses.ini <../test/test-L2.txt > ./ResTest/translated-L1.txt

38

Dans ce chapitre nous avons présenté les principaux outils utilisés en pratique pour la construction d'un système de traduction automatique statistique, ainsi que l'architecture et les étapes de la construction d'un tel système. Dans ce que suit on va étudier linguistiquement notre langue source à traduire et nous présentons la motivation de notre approche théorique et expérimentale de travail durant ce stage.

CHAPITRE4 : TRADUCTION AUTOMATIQUE ARABE/ANGLAIS

INTRODUCTION

Construire un système de traduction statistique pour une langue de riche morphologie comme l'arabe nécessite plusieurs prétraitements. En plus, la traduction de l'arabe vers l'anglais, deux langues considérées de structure éloignées, demande plus d'effort que la traduction entre deux langues de structure proche (tel que le français et l'anglais). Dans ce chapitre nous allons étudier en premier lieu les problèmes liés à la segmentation et à l'analyse morphologique de l'arabe. Nous poursuivons en présentant les systèmes développés dans notre laboratoire et nos systèmes état de l'art basés sur quelques améliorations des systèmes existant. Nous concluons par une analyse des performances de ces systèmes et les motivations pour la construction d'un nouveau système basé sur l'alignement multiple du corpus d'entrainement et l'optimisation des poids du modèle log-linéaire de traduction.

ALIGNEMENT ET ANALYSE MORPHOLOGIQUE DE LA LANGUE

L'arabe est un langage complexe morphologiquement et syntaxiquement avec de nombreuses différences à l'anglais. La morphologie arabe a été bien étudiée dans le cadre de la traduction automatique. Beaucoup de travaux suggèrent qu'un certain degré de tokenisation est utile lors de la traduction de l'arabe [Habache et Sadate, 2006; Lee, 2004]. Toutefois, lors de la traduction d'une langue riche morphologiquement, la traduction est divisée en plusieurs étapes [Badr et al., 2008].

Parmi les améliorations possibles, nous espérons par exemple que de meilleures performances peuvent être obtenues en introduisant davantage d'alignements de corpus telle que rapporté dans [Jakob Elming et Nizar Habash, 2009]. Dans nos travaux, nous nous concentrons ici sur l'alignement et l'optimisation des poids.

La plupart des travaux antérieurs sur l'alignement des mots ont été faits sur des corpus parallèles, où l'alignement au niveau des phrases se fait automatiquement. Les modèles d'IBM 1-5 [Brown et al, 1993] produisent des alignements de mots en augmentant la complexité algorithmique. Beaucoup de travaux comme [Abraham Ittycheriah et Salim Roukos, 2005] ont montré la performance de ces modèles IBM par rapport aux autres modèles fondés sur des algorithmes HMM décrits dans [Vogel et al. 1996]. Le succès relatif de ces techniques automatiques nous a donné l'idée de tester la performance des outils d'alignements basés sur ces deux approches sur notre corpus Arabe-Anglais.

La structuration des mots constitue une source d'information intéressante pour des langues morphologiquement très riches telle que l'arabe. Par conséquent, la segmentation représente une étape fondamentale dans le traitement automatique d'un texte, son rôle est de découper un texte en unités d'un certain type qu'on aura définies et repérées préalablement. La segmentation d'un texte informatisé est donc l'opération de délimitation des segments de ses éléments de base qui sont les caractères, en éléments constituants de différents niveaux structurels : paragraphe, phrase, syntagme, mot graphique, mot-forme, morphème, etc. [Zoubeir Mouelhi, 2008].

Il existe plusieurs niveaux d'analyse auxquels on peut s'arrêter pour repérer les différents éléments constituant le texte et en définir les frontières. On peut s'arrêter au niveau de la phrase, au niveau de la proposition ou à celui du syntagme. Mais on peut arriver aussi au niveau du *mot graphique*, au niveau des unités lexicales ou aller au delà de celles-ci pour arriver aux unités de base : les morphèmes.

L'opération d'analyse morphologique automatique pour la langue arabe est basée sur la notion de *mot graphique* De ce fait, segmenter un texte arabe, revient donc à analyser ses mots maximaux en mots minimaux et clitiques comme montre la figure suivante.

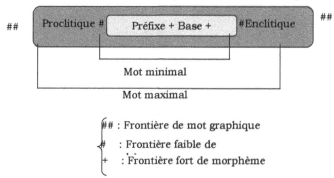

: Frontière de mot graphique

\# : Frontière faible de

\+ : Frontière fort de morphème

Figure 8 : Schéma d'un mot arabe

Parmi les ambiguïtés qui rendent la segmentation difficile à réaliser on trouve :

<u>L'ambiguïté vocalique</u> : liée à l'absence des voyelles dans les textes arabes. Ainsi un mont non voyellé peut avoir plusieurs caractéristiques morphologiques possibles, par exemple le mot Le mot أَلَمُهُمْ, « *leur douleur* » dans sa forme voyellée n'accepte qu'une seule segmentation « أَلَمْ + هُمْ», alors que dans sa forme non voyellée, le même mot accepte au moins les trois segmentations présentées dans le tableau 2.

<u>L'ambiguïté structurelle</u> : la phrase arabe est relativement longue et complexe en comparaison avec d'autres langue, tels que le français et l'anglais. Ainsi il n'est pas rare de trouver des phrases arabes avec plusieurs dizaines de mots.

<u>L'utilisation des signes de ponctuation</u> : l'arabe n'est pas appuyée principalement sur les signes de ponctuations et les marqueurs typographique ; ces derniers ont généralement un rôle pausale. Ainsi, nous pouvons trouver tout un paragraphe arabe ne contenant aucun signe de ponctuation à part un point à la fin de ce paragraphe.

<u>L'agglutination</u> : les conjonctions de coordination jouent un rôle important dans la segmentation de textes arabes. Cependant, elles sont toujours agglutinées aux mots qui le suivent. Par exemple la lettre « waw » dans le mot « وهم » peut représenter une lettre du mot en question (whamun == imagination) ou bien une conjonction de coordination suivie d'un pronom personnel (« waw + hum » == et + ils) .

Segmentation possible	Traduction en français
أ + لم + هم	*les a-t-il ramassés*
ألم + هم	*leur douleur*
أل + مهم	*l'important*

Tableau 2 : Exemple de variation de sens selon la segmentation

41

Dans nos systèmes l'analyse morphologique est réalisée automatiquement. Plusieurs travaux ont été réalisés dans le but d'élaborer des analyseurs morphologiques de la langue arabes, on peut citer à titre d'exemple, les travaux suivants :

Saliba et Al-Dannan ont élaboré un système d'analyse et de génération morphologique pour le centre scientifique IBM au Kuwait. Cet analyseur permet de trouver toutes les analyses morphologiques possibles d'un mot [Saliba 89] ;

El Sadany et Hashish ont développé un système d'analyse et de génération morphologique de la langue arabe. Ce système est capable de traiter les mots arabes voyellés, semi-voyellés ou non voyellés. Ce système est développé dans le centre scientifique du Caire [Sadany 89] ;

Buckwalter a développé un système d'analyse morphologique de la langue Arabe en utilisant la technique de translittération Arabe/français, l'algorithme de l'analyseur consiste à déterminer toutes les segmentations possibles du mot puis à chercher les résultats dans le corpus des radicaux, des suffixes ou des préfixes [Buckwalter].

ASVM : un logiciel libre, développé en Perl par l'équipe de Mona Diab à la Leland Stanford Junior University en 2004. Il s'agit d'une adaptation à l'arabe du système anglais YamCha basé sur les séparateurs à vaste marge (Support Vector Machines). Le système est d'entrainé sur un corpus annoté nommé *Arabic TreeBank* [Diab et al. 2004].

Lors de ces travaux, les systèmes de référence du laboratoire LIG n'utilisaient que deux analyseurs morphologiques pour la langue arabe et un seul outil d'alignement : GIZA++. Dans ce qui suit nous décrivons les systèmes de traduction développés au LIG basés sur ces deux analyseurs et cet outil d'alignement.

LES SYSTEMES DE TRADUCTION ARABE/ANGLAIS DEVELOPPES AU LIG

Nous présentons dans cette section une description des systèmes de traduction statistique pour le couple de langue Arabe-Anglais développés dans le Laboratoire d'Informatique de Grenoble. En effet le premier système développé en 2007 était purement statistique fondés sur les classiques n-grammes de mots, et représente le premier système soumis à l'évaluation IWSLT07 [Besacier et al, 2007] par le LIG. Le système 2008 constitue une amélioration du premier système par l'enrichissement des simples mots, avec des informations syntaxiques, sous forme d'étiquettes (*part of speech tags*) ce système a été soumis à l'IWSLT08 [Besacier et al, 2008]. Dans le système 2009 soumis à IWSLT09 [Besacier et al, 2009], l'amélioration se fait au niveau de la combinaison de plusieurs segmentations en entrée du système dans le but de laisser l'ambiguïté segmentale à l'entrée du système sans prendre de décision à priori sur la façon de segmenter.

CONDITIONS EXPERIMENTALES ET SYSTEMES DE REFERENCE

Les systèmes de référence décrits dans cette section correspondent aux systèmes déjà développés dans l'équipe. Avant de détailler les différents systèmes nous exposons les données d'apprentissage, de développement et d'évaluation utilisées. Ensuite nous décrivons les étapes de préparation des corpus pour l'apprentissage des modèles de traduction et des modèles de langue. Enfin nous présentons les résultats des systèmes références construits suivi d'une analyse de ces systèmes.

Pour l'apprentissage de nos modèles, nous utilisons les données distribués par les organisateurs d'IWSLT. Ces données ce repartissent de la manière suivante :

-Un corpus bilingue est utilisé pour l'apprentissage des paramètres de modèle de traduction et est encore utilisé (avec ajout d'autres données) dans sa partie monolingue pour l'apprentissage du modèle de langue cible qui est l'anglais dans notre système.

-Un corpus pour le développement utilisé pour l'optimisation des paramètres de nos modèles

-Deux corpus de test pour évaluer les performances du système.

La segmentation ASVM est utilisé pour pre-traiter la partie arabe des corpus. Pour résumer, le tableau suivant contient plus de détails sur l'ensemble des données utilisées:

	Corpus d'entraînement	Corpus de développement	Corpus de test tst06	Corpus de test tst07	Corpus de test tst08
Nombre de paires de phrases	19972	489	500	489	509

Tableau 3 : données utilisées

Notre corpus d'apprentissage contient 19972 lignes, 176178 mots dont 17871 mots différents. Par contre, les corpus de développement et de test contiennent au total 2501 lignes 20711 mots dont 4380 sont différents.

PREPARATION DES CORPUS

Après l'installation des outils informatiques nécessaires, et avant la construction de systèmes de référence, une phase de préparation des données a été faite. La préparation consiste en un ensemble d'opérations sur les données :

1. Normalisation de la lettre « *Alef* » coté arabe.

Nettoyage des corpus (suppression des phrases plus longues que 50 mots).

2. Suppression des voyelles.

Nettoyage de dictionnaire.

3. Correction des sorties de l'analyseur morphologique.

Le même travail est effectué avec le corpus de développement et le corpus test utilisé dans la phase d'évaluation.

Phrases Arabe (segmentation ASVM) :

هل تقومون ب عمل تعديلات
نريد مائدة ب جانب ال نافذة
ساقيم ل مدة يومين
مرر ال خبز من فضل ك

Traduction anglaise :

do you do alterations
we want to have a table near the window
I'll be staying two days
pass the bread please

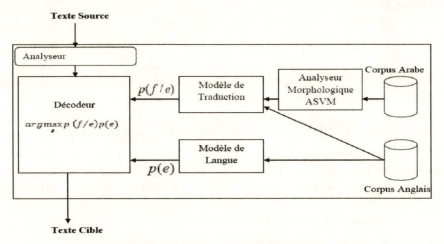

Figure 9: Extrait de corpus d'apprentissage avec la segmentation ASVM des phrases Arabe

ARCHITECTURE DES SYSTÈMES UTILISÉS

Comme référence nous avons construit un système basé sur l'analyseur morphologique ASVM. Ci-dessous l'architecture du système de référence suivi d'un extrait de sa table de traduction.

Figure 10: Architecture des systèmes de référence

EXTRAIT DE LA TABLE DE TRADUCTION (CORPUS ARABE SEGMENTE AVEC ASVM)

ان ها في ||| it's on ||| (0) (0) (1) ||| (0,1) (2) ||| 0.142857 0.0125485 0.25 0.00756675 2.718

ان ها في ||| it's at ||| (0) (0) (1) ||| (0,1) (2) ||| 0.2 0.0206346 0.0833333 0.0103396
2.718

ان ها في ||| it's in ||| (0) (0) (1) ||| (0,1) (2) ||| 1 0.0221219 0.25 0.0209996 2.718

ان ها في ||| there's one on ||| (0) (1) (2) ||| (0) (1) (2) ||| 0.5 8.98343e-05 0.0833333
3.92523e-07 2.718

Le système construit est évalué en terme de score BLEU multi-références et les tableaux
suivants montrent la performance de notre système état de l'art qui donnent des
résultats comparables avec les systèmes soumis à l'IWSLT 09.

COMPARAISON DES RESULTATS PRODUITE EN CHANGEANT L'ALIGNEMENT LORS DE L'APPRENTISSAGE

Dans ce qui suit nous avons fait une expérience de changement de l'outil d'alignement de
notre système et nous comparons les résultats. Nous utilisons dans cette expérience les
deux alignements suivants : GIZA++ qui est fondé sur les modèles d'IBM et Berkeley
Aligner qui utilise les modèles HMM.

Les différences dans l'évolution du score BLEU au cours des différentes itérations de
l'étape de réglage des paramètres (tuning) sont présentées dans la figure ci-dessous.

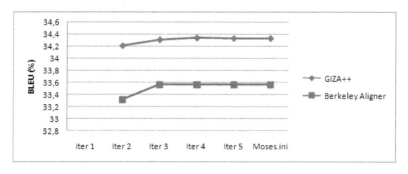

Figure 11 : l'Evolution du score BLEU au cours des différentes itérations du Tuning

Le tableau ci-dessous présente, quant à lui, les différentes performances, selon
l'alignement utilisé, sur les corpus de développement et de test IWSLT (évaluation faite
avec mteval-V12):

Score BLEU	Dev06	tst06	tst07	tst08
GIZA++	0.3656	0.2916	0.5149	0.5077
Berkeley Aligner	0.3539	0.2868	0.5090	8.7165

Tableau 4 :: Résultats des scores BlEU d'évaluation Avec les deux alignements

Score NIST	Dev06	tst06	tst07	tst08

45

GIZA++	7.4299	6.6879	8.1465	0.5060
Berkeley Aligner	7.3096	6.6630	8.0646	8.7447

Tableau 5: Résultats des scores NIST d'évaluation avec les deux alignements

Enfin, le tableau ci-dessous présente les différences de tailles des tables de traduction obtenues avec les deux types d'alignement.

Statistiques	Lignes	Mots
GIZA++	270948	5993466
Berkeley Aligner	278106	6167366

Tableau 6: Différences entre les tables de traduction des deux alignements

Différences entre les tables de lexique :

Statistiques	Lignes	Mots
GIZA++	178251	534753
Berkeley Aligner	181006	543018

Tableau 7: Différences entre les tables de lexique des deux alignements

CONCLUSION

Nos expériences menées sur les systèmes de référence montrent que la qualité de traduction dépend de la méthode d'alignement. Puisqu'il n'existe pas une méthode d'alignement unique ou parfaite, nous proposons de combiner les deux méthodes d'alignement en entrée du système et de bien traiter la phase d'optimisation des poids. Cette combinaison d'alignement à la façon de [Abraham Ittycheriah et Salim Roukos, 2005] et l'optimisation des poids sont donc l'originalité principale de la première partie du travail de M2R présenté ici. Elle est présentée et expérimentée dans les chapitres suivants.

PARTIE III : VERS UNE METHODE MIXTE

CHAPITRE 5 : AMELIORATION DU SYSTEME BASE SUR LE MODELE DE TRADUCTION STATISTIQUE FONDE SUR DES SEQUENCES DES MOTS (PHRASE BASED)

INTRODUCTION

Nous avons montré dans le chapitre précédent la relation entre la qualité de traduction et la méthode d'alignement et le règlement des poids, d'où notre idée d'amélioration de la phase d'optimisation du modèle log-linéaire (*tuning*) et la combinaison des méthodes d'alignement. Dans ce chapitre nous présentation l'approche *Phrase Based* sur laquelle est fondé notre système de référence. Nous décrivons ensuite notre nouveau système amélioré et les différents niveaux d'amélioration.

DESCRIPTION GENERALE

Notre système de traduction décrit repose sur Moses [Koehn et al. 2007], un traducteur libre pour un modèle de traduction probabiliste fondé sur des séquences de mots (*phrase based*). L'architecture générale du système basé sur l'approche *phrase based* en utilisant *moses* est illustrée dans la figure   12. Le traducteur emploie un modèle de langage trigramme et une table de traduction pour générer une liste de n meilleures traductions d'un texte source afin de sélectionner la traduction cible. Ce chapitre présente la liste des fonctions caractéristiques du modèle de traduction basé sur l'approche *phrase based*, puis compare notre stratégie d'amélioration du système à celle du traducteur de référence. La procédure de combinaison d'alignements est ensuite décrite. Nous présentons alors les performances de notre système après chacune des deux modifications.

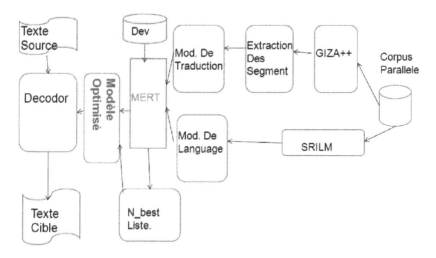

Figure 12 : Utilisation typique de Moses avec l'approche Phrase Based

Les systèmes présentés dans les articles suivants reposent sur l'approche décrite dans ce chapitre : [Besacier al. 2007], [Besacier et al. 2008], [Bougares et al. 2009].

MOTEUR DE TRADUCTION

Moses est un décodeur de traduction statistique fondé sur des séquences de mots (*phrase based*) décrit ci-dessus. Nous avons choisi d'utiliser Moses car c'est un logiciel libre et à l'état de l'art en matière de traduction par groupes de mots [Shen et al. 2006]. Son algorithme se fonde principalement sur celui de Pharaoh, décrit en détail dans [Koehn, 2004].

STRATEGIE DE RECHERCHE

Moses utilise une méthode similaire au décodeur pour IBM-4 pour la recherche de la meilleure traduction, de façon à gérer des traductions partielles. Il commence lors du décodage par l'hypothèse « vide », qui ne traduit ou produit aucun mot source ou mot cible. Puis, le décodeur choisit itérativement une hypothèse partielle et l'étend en traduisant une séquence de mots supplémentaire (d'un ou plusieurs mots source) à l'aide d'entrées de la table de traduction. Avec ce modèle, toute séquence de mots doit être alignée à une séquence de mots non vide, alors qu'avec le modèle IBM-4 le décodeur pouvait envisager que certains mots aient une fertilité nulle et que d'autres soient insérés spontanément.

Le résultat final de l'algorithme est obtenu en partant de la meilleure hypothèse complète et en suivant récursivement les pointeurs arrière vers les hypothèses partielles précédentes.

HEURISTIQUES

Les hypothèses qui ont traduit le même nombre de mots sont rassemblées par Moses en une pile. Pour comparer équitablement ces hypothèses, Moses estime pour chaque hypothèse le coût futur de traduction qui ne dépend que des positions sources restant à traduire. En suivant l'approche *phrase based* Moses calcule une heuristique qui peut estimer le coût futur réel de traduction. A notre connaissance le détail du calcul de la contribution au coût futur des trois modèles (modèles de traduction, de distorsion et de langage) n'est accessible qu'en inspectant le code source.

EXTRACTION DES PAIRES DE SEQUENCES DE MOTS

La première étape est l'alignement mot à mot de chaque couple de phrases du corpus parallèle d'entraînement. Pour cela, des modèles IBM-4, de l'Arabe vers l'Anglais et inversement, sont entraînées par Giza++ dans le seul but de conserver les alignements mot à mot les plus probables selon ces deux modèles. Nous avons utilisé aussi l'outil Berkeley Aligner dans les expériences de traitement de l'influence de l'alignement sur la qualité de traduction et lors du test de la combinaison des deux méthodes d'alignement lors de l'apprentissage du système.

La seconde étape est l'extraction proprement dite des paires de séquences de mots. Elle est illustrée dans la figure 13, où l'alignement entre les couples de phrases est indiqué par les cases noires. Selon [Och et al, 1999] une paire de groupes de mots est compatible avec l'alignement lorsque tous les mots source de la paire sont alignés à des mots cibles appartenant eux aussi à la paire, et réciproquement. Les règles utilisées dans la figure 13 conduisent à l'extraction des couples <e4, f3> et <e3, f4>, mais nous remarquons le mot e2 n'étant aligné à aucun mot fj, il peut être ajouté donc à tous les couples extraits impliquant e1 ou e3.

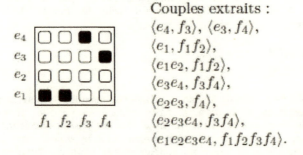

Couples extraits :
$\langle e_4, f_3 \rangle$, $\langle e_3, f_4 \rangle$,
$\langle e_1, f_1 f_2 \rangle$,
$\langle e_1 e_2, f_1 f_2 \rangle$,
$\langle e_3 e_4, f_3 f_4 \rangle$,
$\langle e_2 e_3, f_4 \rangle$,
$\langle e_2 e_3 e_4, f_3 f_4 \rangle$,
$\langle e_1 e_2 e_3 e_4, f_1 f_2 f_3 f_4 \rangle$.

Figure 13 : Exemple d'extraction de tous les couples de paires de séquence de mots compatibles

MODELE LOG-LINEAIRE

En pratique, il est souvent bénéfique de pondérer les différentes sources d'information : le modèle de langage **Pr(t)** et le modèle de traduction **Pr(s|t)**. La quantité à maximiser devient ainsi:

$$argmax_e \ \Pr(t|s) = argmax_e \ \Pr(t)^\propto \Pr(s|t)^{(1-\propto)}$$ (5.1)

avec un α ∈ [0, 1] à choisir judicieusement.

En outre, si le modèle de traduction **Pr(t|s)** est le produit de plusieurs composantes, celles-ci peuvent être pondérées de la même façon. L'expression maximisée par le traducteur peut alors s'écrire sous la forme suivante :

$$argmax_e \ Pr(t|s) = argmax_e \ \Pr(t)^\alpha \Pr(s|t)^{(1-\alpha)}$$ (5.2)

$$= argmax_e \left(\sum_i \lambda_i \log h_i(s, t) \right)$$ (5.3)

Avec l'équation (5.3), il s'agit maintenant de caractériser le processus de traduction au moyen d'une combinaison **log-linéaire** de fonctions caractéristiques $h_i(t, s)$. Toute fonction aidant à produire une traduction correcte peut être incluse, sans autre justification théorique. Les fonctions caractéristiques usuelles peuvent inclure un ou plusieurs modèles de langage **h(t, s) = Pr(t)** et tout modèle de traduction **h(t, s) = max$_A$ Pr(s, A | t)** (l'alignement A faisant partie des variables internes maintenues par le traducteur). Un système de traduction compte en général entre cinq et une douzaine de ces fonctions caractéristiques.

EXPERIENCES ET RESULTATS

AMELIORATION DE LA PHASE D'OPTIMISATION DES POIDS (TUNING)

Comme nous l'avons énoncé dans le chapitre précédent, nous proposons d'améliorer le système *de base* en traitant la phase d'optimisation. Dans cette phase, nos poids utilisés sont optimisés sur l'ensemble de développement dev06 de manière à maximiser le score Bleu. Eventuellement, ceci présente le risque de spécialiser les réglages pour cette mesure et aux dépens des autres mesures automatiques.

Dans ce cadre, nous pouvons citer les travaux de [Costa-jussà et al. 2006] qui proposent de maximiser une combinaison non-linéaire des scores Bleu et NIST (10·log10 (100·Bleu+1) +NIST) en signalant une plus grande cohérence des mesures automatiques en optimisant ce critère composite. En revanche, [Cettolo and Federico, 2004] utilisent Bleu (plutôt que NIST) comme seul critère d'optimisation ce qui a conduit à une optimisation plus rapide et meilleure en termes de score Bleu.

L'outil MERT (Minimum *Error Rate Training)* qui permet l'entraînement pour minimiser le taux d'erreur est distribué au sein de la boîte à outils Moses. Cet outil met en œuvre l'optimisation de la façon suivante :

1. Lancer le décodeur Moses avec un premier jeu de poids (λi) et récupérer les n meilleures hypothèses.

2. Déterminer alors un autre jeu de λi, qui permette de maximiser Bleu. Pour ce faire, MERT *connaît* la forme particulière de la fonction donnant le score Bleu en fonction des λi qui est une fonction constante par morceaux, du fait du caractère discret des listes de n-meilleures hypothèses [Och, 2003, Papineni, 1999].

3. Relancer Moses si les nouveaux λi sont différents des anciens. Pour nos expériences, le nombre de lancement de Moses varie entre trois et huit, afin atteindre une performance optimale (les poids sont ensuite sauvés dans un fichier de configuration nommé *moses.ini*)

Nous avons choisi dans nos expériences de travailler avec une version récente de MERT *mert-moses-new*.

Nous avons remarqué que l'évaluation finale du système dans IWSLT se fait sur des données ponctuées et capitalisées, par contre, jusqu'à la dernière version soumis, les systèmes soumise par LIG/GETALP optimise un Bleu avec des données non ponctuées et non capitalisées, qui correspond aux premières expériences de reconstruction du système existant.

➢ Nous avons proposé d'introduire un module de ponctuation et de capitalisation dans le code de MERT, afin de générer des N-meilleurs listes ponctuées et capitalisées.

EXP 1 : OPTIMISATION SUR LE CORPUS DEV06 EN UTILISANT *MERT-MOSES-NEW* AVEC REFERENCES NON PONCTUEES.

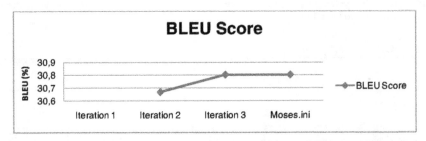

Figure 14 : Evolution du score Bleu en fonction des itérations du Tunuing lors de l'EXP 1

ASVM	Dev06	tst06	tst07	tst08
Score BLEU	0.3522	0.2875	0.5068	0.5043

Tableau 8 : Résultats des scores Bleu obtenus lors de l'EXP 1

ASVM	Dev06	tst06	tst07	tst08
Score NIST	7.2850	6.6537	8.0733	8.7313

Tableau 9 : Résultats des scores NIST obtenus lors de l'EXP 1

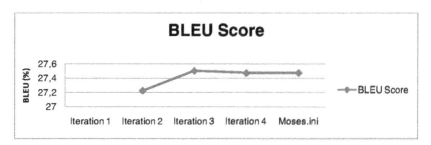

Figure 15 : Evolution du score Bleu en fonction des itérations du Tunuing lors de l'EXP 2

ASVM	Dev06	tst06	tst07	tst08
Score BLEU	0.3569	0.2910	0.5060	0.4958

Tableau 10 : Résultats des scores Bleu obtenus lors de l'EXP 2

ASVM	Dev06	tst06	tst07	tst08
Score NIST	7.4588	6.8159	8.1740	8.8301

Tableau 11 : Résultats des scores NIST obtenus lors de l'EXP 2

INTERPRETATION 1 :

Dans ces deux cas, nous remarquons que l'optimisation (MERT) n'est pas faite correctement. Pour bien optimiser notre système, nous introduisons une étape supplémentaire (fig 16) dans l'algorithme de fonctionnement de l'outil (section précédente) entre l'étape 2 et 3, qui a pour rôle de rétablir la ponctuation et la casse dans les fichiers de N-meilleurs liste obtenus lors de chaque itération de MERT.

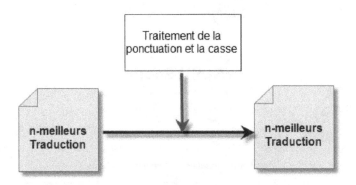

Figure 16 : Traitement de la ponctuation et la casse après chaque génération N-meilleur liste

EXP 3 : UTILISATION DE LA VERSION MERT-MOSES-NEW-LIG.PL (OU ON INSERE LE SCRIPT DE RETABLISSEMENT DE LA PONCTUATION ET DE LA CASSE)

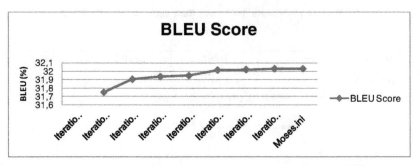

Figure 17 : Evolution du score Bleu en fonction des itérations du Tunuing lors de l'EXP 3

ASVM	Dev06	tst06	tst07	tst08
Score BLEU	0.3621	0.2915	0.5072	0.5081

Tableau 12 : Résultats des scores Bleu obtenus lors de l'EXP 3

ASVM	Dev06	tst06	tst07	tst08
Score NIST	7.3829	6.6949	8.0923	8.8104

Tableau 13 : Résultats des scores NIST obtenus lors de l'EXP 3

Suite à cette expérience, nos système génère en cour de la phase d'optimisation des fichiers N-meilleurs liste correspondes à la figure suivante, qui sont ponctuées et capitalisées, qui sont utilisées pour le règlement des poids dans le fichier de configuration *moses.ini.*

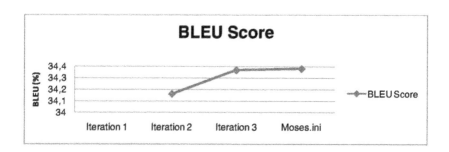

Figure 18 : Extrait d'un fichier N-meilleur liste ponctuées et capitalisées

INTERPRETATION 2 :

Le traitement de la ponctuation et la casse a amélioré un peu notre score Bleu final. Mais nous avons remarqué que notre décodeur garde les mots arabes inconnus en sortie de traduction, ce qui provoque des phrases en anglais contenant des mots arabe. Pour cela, nous avons décidé d'enlever ces mots inconnus en cours du processus d'optimisation (MERT) et de décodage.

EXP 4 : UTILISATION DE LA VERSION MERT-MOSES-NEW-LIG.PL EN AJOUTANT L'OPTION « -DROP-UNKNOWN » DE MOSES (POUR SUPPRIMER LES MOTS INCONNUS EN SORTIE)

Figure 19 : Evolution du score Bleu en fonction des itérations du Tunuing lors de l'EXP 4

ASVM	Dev06	tst06	tst07	tst08
Score BLEU	0.3574	0.2934	0.5099	0.5091

Tableau 14 : Résultats des scores Bleu obtenus lors de l'EXP 4

ASVM	Dev06	tst06	tst07	tst08
Score NIST	7.3494	6.7299	8.1195	8.8291

Tableau 15 : Résultats des scores NIST obtenus lors de l'EXP 4

INTERPRETATION 3 :

Nous avons remarqué lors de différentes expériences que l'outil *mert-moses-new.pl* est plus performant en termes de temps d'exécution et qualité de traitement et génération de N-Best-Liste, mais en revanche, il y a un défaut de stabilité des résultats du score Bleu final. Pour cela, nous avons décidé de répéter 3 fois l'expérience qui contient toutes nos nouvelles améliorations et prendre le système qui a les meilleurs résultats en termes de score Bleu et poids optimisés.

EXP 5 : REPETITION D'UNE SEULE EXPERIENCE 3 FOIS SUCCESSIVEMENT :

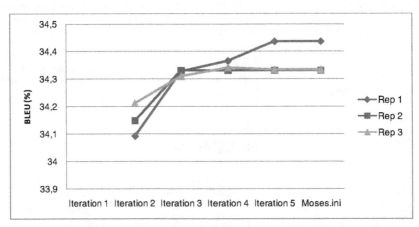

Figure 20 : Evolution du score Bleu en fonction des itérations du Tunuing lors de l'EXP 5

Score BLEU	Dev06	tst06	tst07	tst08
Rep 1	0.3625	0.2909	0.5061	0.5124

Rep 2	0.3595	0.2893	0.5112	0.5099
Rep 3	0.3656	0.2916	0.5149	0.5077

Tableau 16 : Résultats des scores Bleu obtenus lors de l'EXP 5

Score NIST	Dev06	tst06	tst07	tst08
Rep 1	7.4033	6.6941	8.0803	8.8411
Rep 2	7.2554	6.5910	8.0743	8.7461
Rep 3	7.4299	6.6879	8.1465	8.7165

Tableau 17 : Résultats des scores NIST obtenus lors de l'EXP 5

RESULTAT 1:

A la fin de cette première partie des expériences consternant l'amélioration de la phase d'optimisation, nous avons gardé le système qui correspond au **Rep 3** qui a comme nous pouvons remarquer les meilleurs résultats en termes de poids et score Bleu et NIST final.

UTILISATION DE MULTIPLES ALIGNEMENTS

Comme nous avons remarqué dans le chapitre précédent et d'après [Besacier, 2007] (ATALA), les modèles développés par IBM [Brown el 1993] qui sont utilisés pour l'alignement par la boite d'outil MOSES, restent sensibles à une dissymétrie entre le nombre de mots de la phrase source et celui de la phrase cible, et cela malgré l'introduction de la notion de fertilité qui a pour effet de modéliser le nombre de séquences de mots dans la phrase cible connecté à une séquence de mot dans la phrase source.

Pour cela, nous avons décidé de combiner les résultats des deux outils d'alignements : GIZA++ et Berkeley Aligner qui utilisent des modèles différents d'alignement. L'architecture de notre nouveau système se modélise donc comme suit :

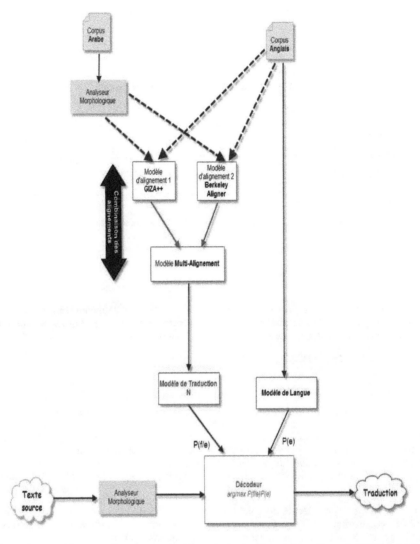

Figure 21 : Architecture de nouveau système de traduction automatique de l'Arabe-Anglais basé sur un modèle Multi-Alignement

En pratique, nous avons proposé deux méthodes pour réaliser la combinaison d'alignements :

Méthode 1 : Combiner après l'apprentissage des systèmes en utilisant chaque outil et enlever les doublons :

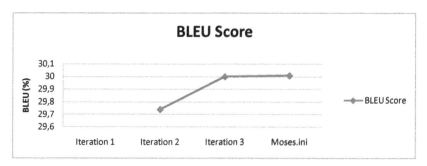

Figure 22 : Evolution du score Bleu en fonction des itérations du Tunuing lors de l'EXP 6

ASVM	Dev06	tst06	tst07	tst08
Score BLEU	0.3487	0 .2881	0.5166	0.4982

Tableau 18 : Résultats des scores Bleu obtenus lors de l'EXP 6

ASVM	Dev06	tst06	tst07	tst08
Score NIST	7.4181	6.7920	8.2153	8.7793

Tableau 19 : Résultats des scores NIST obtenus lors de l'EXP 6

Méthode 2 : Combiner les fichiers d'alignement de corpus produit par chaque outil avant l'apprentissage du système :

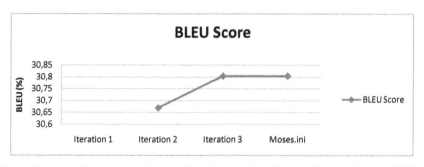

Figure 23 : Evolution du score Bleu en fonction des itérations du Tunuing lors de l'EXP 7

ASVM	Dev06	tst06	tst07	tst08
Score BLEU	0.3481	0.2925	0.5136	0.5031

Tableau 20 : Résultats des scores Bleu obtenus lors de l'EXP 7

ASVM	Dev06	tst06	tst07	tst08
Score NIST	7.3371	6.7469	8.1532	8.7977

Tableau 21 : Résultats des scores NIST obtenus lors de l'EXP 7

RESULTAT 2 :

Nous avons remarqué à partir de ces expériences que la meilleure façon de combiner les alignements est de la faire avant l'apprentissage du système. Par contre, dans notre cas où nous utilisons un corpus spécifier (au domaine de tourisme) et bien prétraité (ne contient pas de long phrases), cette méthode n'a pas un grand influence sur l'évaluation finale du système.

Donc, nous décidons de continuer les travaux pour cette tâche (traduction des BTEC) en utilisant l'outil GIZA++, qui donne à partir nos expériences des résultats mieux que celle de Berkeley Aligner et même de la combinaison.

CONCLUSION

A la fin de la première partie de nos travaux nous avons amélioré notre système de référence en traitant la phase d'alignement et nous avons construit un nouveau système basé sur un modèle Multi-Alignement qui combine à la phase d'alignement les résultats des deux outils d'alignement les plus fréquents dans le domaine de traduction automatique : GIZA++ et Berkeley Aligner.

Nous remarquons que la combinaison d'alignement n'a pas donné un effet significatif sur l'amélioration des scores Bleu lors de l'évaluation finale du système, ce qui valide les résultats de [koehen, 2008] (NIST MTE) qui indique que l'utilisation de l'outil GIZA++ lors de l'apprentissage des système de traduction pour l'approche *Phrase Based* reste plus efficace surtout si le corpus d'apprentissage est bien pré-traité.

A la suite de cela, nous avons décidé de continuer nos travaux en suivant une approche novatrice en traduction automatique : *Hierarchical Phrase Based* ou approche Hiérarchique pour la traduction automatique.

CHAPITRE6 : REALISATION D'UN SYSTEME DE TRADUCTION AUTOMATIQUE BASE SUR L'APPROCHE HIERARCHIQUE (HIERARCHICAL PHRASE BASED)

INTRODUCTION

Les modèles statistiques à base des fragments (Phrase based model) [Och et Ney 2004] ont permis de passer du mot comme unité de traduction aux fragments, c.-à-d., séquence de mots, mais pas nécessairement toute une expression complète syntaxiquement. Nous proposons dans ce chapitre de construire un nouveau système de traduction automatique arabe-anglais en appliquant une approche hiérarchique pour la traduction automatique. Ce système est basé sur la théorie de construction des systèmes hiérarchique de traduction automatique de [Chiang, 2007]

Nous commençons dans une première partie par présenter la motivation et le principe général de cette approche. Puis nous expliquons les étapes de construction de notre nouveau système en présentant les résultats d'évaluation automatique.

MOTIVATION POUR L'APPROCHE HIERARCHIQUE

Les modèles basés sur les fragments peuvent donner lieu à une amélioration significative des traductions par rapport à l'approche « mots ». Mais [Koehn, Och, et Marcu 2003] ont remarqué que les fragments plus longs que trois mots n'apportent pas une grande amélioration pour un corpus de développement de 20 millions de mots, suggérant que la quantité des donnés n'est jamais assez grande pour apprendre de longs fragments. Concernant le l'ordonnancement des séquences, il y a quelques modèles qui n'effectuent aucun réarrangement [Zens et Ney 2004 ; Kumar, Deng, et Byrne 2006], certains utilisent un modèle qui réordonne à nouveau les fragments indépendamment de leur contenu [Koehn, Och, et Marcu 2003 ; Och et Ney 2004]. Comme illustration des limitations de ces modèles, nous considérons l'exemple suivant d'une phrase en arabe et de sa traduction en anglais :

Ref: Tunisia is one of the Africans country that have many touristic places.

Figure 24 : Exemple de phrase Arabe aligné en mots avec une phrase Anglaise

Si nous considérons le mot « واحدة من » (littéralement, ` one-of) comme marque simple, alors la traduction de cette phrase correctement en anglais exige l'identification d'un ordre de cinq groupes de mots qui doivent être renversés. Quand nous utilisons un système de TA basé sur les fragments sur cette phrase nous obtenons la traduction suivante :

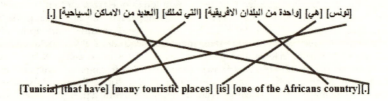

Figure 25 : Exemple d'erreur de traduction en utilisant l'approche Phrase Based

Nous remarquons que le système *Phrase Based* a réussi à traduire les séquences extraites de la phrase, mais il n'a pas fait le bon choix pour l'ordonnancement des séquences.

Nous proposons une solution à ces problèmes qui ne néglige pas l'approche *Phrase Based*, mais profite plutôt d'elle : puisque l'utilisation des séquences de mots est une bonne méthode pour obtenir l'ordre des mots le plus juste de la traduction, nous pouvons les employer pour apprendre un ordonnancement aussi bien des phrases traduites. Afin de faire ceci nous avons besoin d'expressions hiérarchiques qui peuvent contenir d'autres expressions, cela présente la base de l'approche hiérarchique.

L'utilisation de l'approche hiérarchique [Chiang 2007] permet la résolution des problèmes difficiles du choix des ordres des séquences de mots traduites lors de production de la traduction en langue cible. On essayera de montrer qu'une analyse hiérarchique, mettant en lumière tous les rapports significatifs entre les séquences de mots de la phrase, offre une aide précieuse à la traduction automatique ; ceci surtout dans le cas d'une langue morphologiquement riche comme l'arabe vers l'anglais.

On va essayer dans ce travail d'utiliser les modèles de traduction probabiliste hiérarchiques. Ces modèles utilisent une grammaire spécialisée notée « **synchronous context-free grammar** » (CFG) connue sous le nom de « **syntax-directed transduction grammar** » [Lewis et Stearns, 1968].

DEFINITION

Dans une grammaire de type **CFG** les structures élémentaires sont des règles de réécriture avec des paires alignées:

$$X \longrightarrow \langle \gamma, \alpha, \sim \rangle$$

Où X est un non terminal, γ et le α sont des chaines de terminales et non-terminale, et le $\sim$ est le lien linéaire entre les occurrences non terminales dans le γ et celles dans le α. Par exemple, on peut donner les exemples suivants :

$$\text{ne } X_1 \text{ pas} \to \text{not } X_1 \text{ (Francais-Anglais)}$$

$$X_1 \text{ ي} \to \text{not } X_1 \text{ (Arabe-Anglais)}$$

$$X_1 \text{ of the } X_2 \to \text{le } X_2 X_1 \text{ (Anglais-Francais)}$$

$$X_1 \text{ of the } X_2 \to X_2 \text{ ال} X_1 \text{ (Anglais- Arabe)}$$

Une dérivation synchrone de CFG commence par une paire de symboles de début liés. À chaque étape, deux non terminaux liés sont réécrits en utilisant les deux composants d'une règle simple.

Les variables de ces règles sont appelés non-terminaux, puisque leurs occurrences indiquent que le processus n'a pas encore terminé de produire les mots finaux (les terminaux).

Dans ces modèles, on utilise les arbres comme structure de donnés, qui est la plus adéquate aux modèles hiérarchiques. Donc, à partir d'un arbre représentant la phrase à traduire, le but est de produire un arbre dont les nœuds terminaux représentent la phrase de la langue cible. Les opérations rentrant en jeu sont donc des opérateurs de traduction d'un arbre en un autre, ou plutôt des traductions de sous-arbres si l'on considère qu'il n'est pas possible de traduire d'un bloc l'arbre complet.

Entrées: La porte monte vite   البوابة ترتفع بسرعة

Régles: la porte -> The door   البوابة -> The door

vite -> quickly   بسرعة -> quickly

monte X₁ -> opens X₁   ترتفع -> opens X₁

X₁ X₂ -> X₁ X₂

Figure 26 : Exemple de règles utilisées pour la traduction automatique hiérarchique Arabe-Anglais et Français-Anglais

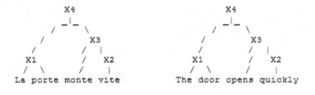

Figure 27 : Exemple d'arbre de traduction utilisé pour la traduction automatique statistique

D'abord on traite les correspondances simples des phrases (1) [البوابة -> The door (la porte -> The door)] et (2) [بسرعة -> quickly (vite -> quickly)]. **Cela permet le** passage à une règle plus complexe (3) [ترنع -> opens X₁ (monte X₁ -> opens X₁)]. A ce stade, le non-terminal X, qui couvre l'entrée « بسرعة (vite) » est remplacé par une traduction connue « quickly ». Enfin, la règle qui traduit (4) [X₁ X₂ -> X₁ X₂] combine les deux fragments en une phrase complète.

Le problème est alors de trouver pour une phrase d'entrée tous les règles possibles de traduction de ce sens.

CONSTRUCTION D'UN SYSTEME HIERARCHIQUE DE TRADUCTION AUTOMATIQUE ARABE-ANGLAIS

Comme nous avons signalé au début de ce chapitre, notre nouveau système de traduction automatique de l'arabe-anglais se base sur la théorie de [Chiang , 2007] mais en utilisant la partie hiérarchique de la boite à outils MOSES [khoen, 2007], ajoutée récemment par Hieu Hoang en suivant le même principe que le système HIERO [Chiang, 2007].

Nous présentons dans ce qui suit les étapes de la construction et l'amélioration de notre système, ainsi que les résultats d'évaluation automatique après chaque changement.

EXTRACTION DES REGLES

Notre grammaire se compose de règles extraites automatiquement en exécutant GIZA++ [Och et Ney, 2000] sur le corpus pour construire un alignement en mots dans les deux sens. Nous extrayons alors à partir de chaque paire de mots alignés un ensemble de règles qui sont compatibles aux alignements de mots. Ceci peut être fait en deux étapes : d'abord, nous extrayons des paires des séquences utilisant la même méthode que pour les systèmes *Phrase Based* [Och et Ney 2004], à savoir, qu'aucun mot à l'intérieur d'une expression ne peut être aligné à un mot en dehors de l'autre expression parallèle. En second lieu, afin d'obtenir des règles sur ces expressions, nous recherchons celles qui contiennent d'autres expressions et remplacons ces derniers par des symboles non terminaux.

L'exemple suivant peut illustrer cette étape :

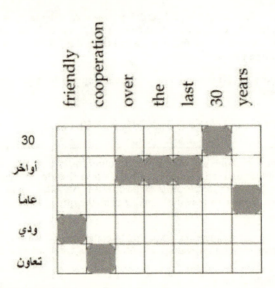

Figure 28 : Exemple d'alignement en mots

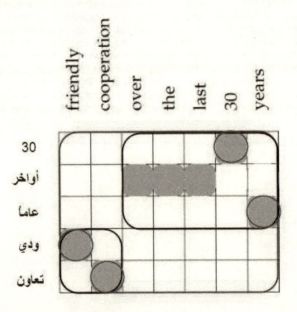

Figure 29 : Exemple de séquence et sous séquences extraites

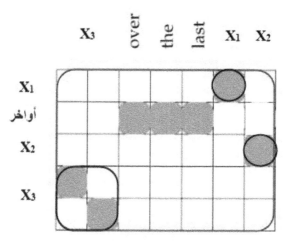

Figure 30 : Exemple de Règles Extraites

En pratique, nous avons utilisé l'outil *train-moses.perl* de la boite d'outil MOSES avec l'option *-hierarchical -glue-grammar* qui permet d'extraire en plus des règles appelées *Glue-Rules* : qui définissent X comme le symbole de début de la grammaire et permet la traduction de nouvelles phrases en utilisant seulement les règles extraites. Des exemples de « Glue-Rules » sont présentés ci-dessous :

$$S \rightarrow \langle S_{\boxed{1}} X_{\boxed{2}}, S_{\boxed{1}} X_{\boxed{2}} \rangle$$

$$S \rightarrow \langle X_{\boxed{1}}, X_{\boxed{1}} \rangle$$

Figure 31 : Exemple de Glue-Rules

Ces règles analysent un S (le symbole de début) comme séquence de Xs qui sont traduites sans réarrangement. Notons que si nous limitions notre grammaire pour comporter seulement les *Glue-Rules* sur les paires d'expressions (c'est-à-dire, règles sans symboles non terminaux du côté droit), le modèle se réduirait à un modèle de référence décrit dans les deux chapitres précédents basé sur l'approche *Phrase Based*.

A la fin de l'apprentissage du système (*Training*) l'outil *Train-moses.perl* nous fournit en plus du fichier de configuration *moses.ini* et les fichiers de lexique *lex.e2f* et *lex.f2e*, deux fichiers : *glue-grammar* et *rule-table* qui remplacent la table de traduction (*phrase-table*) des systèmes de type *Phrase Based* . Comme l'indique leurs noms, *glue-grammar* (**figure** 33) contient nos règles *Glue-Rules* et *rule-table* (figure 32) contient les autres règles de traduction extraites du corpus d'apprentissage.

Notation : ainsi, on peut nommer la combinaison entre l'ensemble des règles de *glue-grammar* et *rule-table* la **Table des Règles** du système hiérarchique.

```
" [X][X] اجرة [X] ||| the [X][X] taxi [X] ||| 1-1 ||| 0.207321 0.000770841 1 0.00715179 2.718 |||
1.60781                                                                          0.333333
" [X][X] تاتيكاوا الى [X] ||| [X][X] to tachikawa and [X] ||| 1-0 ||| 1 0.00767694 1 0.0260434 2.718
|||                                      0.5                                              0.5
" [X][X] تم تاتيكاوا الى [X] ||| [X][X] to tachikawa and then [X] ||| 1-0 ||| 1 0.00142166 1 0.0100167
2.718                            |||                     0.5                              0.5
" [X][X] اي [X] ||| it [X][X] any [X] ||| 1-1 ||| 1 0.000337167 1 0.00134484 2.718 ||| 0.2 0.2
" [X][X] وقت اي [X] ||| it [X][X] any time [X] ||| 1-1 ||| 1 8.93421e-05 1 0.000630266 2.718 |||
0.111111                                                                         0.111111
" [X][X] صندوق [X] ||| [X][X] box [X] ||| 1-0 ||| 0.0451759 0.00740432 1 0.0885493 2.718 |||
11.0678 0.5
```

Figure 32 : Extrait de la table de règles (Rule-Table) du système

```
<s> [X] ||| <s> [S] |||  ||| 1
[X][S] </s> [X] ||| [X][S] </s> [S] ||| 0-0 ||| 1
[X][S] [X][X] [X] ||| [X][S] [X][X] [S] ||| 0-0 1-1 ||| 2.718
```

Figure 33 : Etrait du fichier Glue-grammar du système

DECODAGE

Nous utilisons pour le décodage (traduction) le décodeur *moses_chart* qui est basé sur l'analyseur CKY (Cocke-Kasami-Younger) décrit dans [Chiang, 2007] et qui utilise un calcul pour collecter les règles de dérivation de la phrase arabe afin de produire la bonne traduction anglaise.

Après la première expérience de décodage de notre système sur nos fichiers de test, nous avons obtenu les résultats de l'évaluation automatique suivants :

ASVM	Dev06	tst06	tst07	tst08
Score BLEU	0.2393	0.1902	0.4032	0.3853

Figure 34 : Premiers Résultats des scores Bleu obtenus du système Hiérarchique

ASVM	Dev06	tst06	tst07	tst08
Score NIST	6.4498	5.8408	7.2624	7.8620

Figure 35 : Premiers Résultats des scores NIST obtenus du système Hiérarchique

D'après ces résultats nous constatons que notre système a besoin d'optimisation des poids, puisque les scores Bleu et NIST sont dégradés par rapport à notre système de référence (Baseline).

OPTIMISATION DU SYSTEME (TUNING)

Nous avons utilisé pour l'optimisation des poids le même outil pour le système *Phrase Based* qui est MERT (présenté dans le chapitre 2) en modifiant les lambdas utilisés lors du lancement du script *mert-moses.perl* comme suit :

*--lambdas="d:0.6,0-1.2   lm:0.5,0-1   tm:0.2,0-0.5;0.2,0-0.5;0.2,0-0.5;0.2,0-0.5;0.2,0-0.5;**1.0,0-1** w:-1,-1.5-0.5"*

Ces poids sont définis comme : le réarrangement de (d), le modèle de langue (lm), le modèle de traduction (tm) et la pénalité de mot (w), par exemple par *d:0.6,0-1.2* pour le modèle de réarrangement, on a un seul poids qui commence par 0.6 et randomisé entre 0 et 1.2.

S'il y a les poids multiples par composant, ces poids sont spécifiés dans l'ordre en les séparant par des points-virgules « ; » comme pour le modèle de traduction *tm:0.2,0-0.5;0.2,0-0.5;0.2,0-0.5;0.2,0-0.5;0.2,0-0.5;**1.0,0-1***

L'évaluation automatique de notre système optimisé sur DEV06 nous donne les résultats suivants :

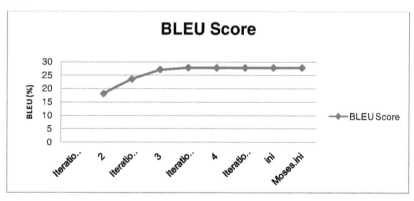

Figure 36 : Evolution du score Bleu en fonction des itérations du Tunuing du système Hiérarchique

ASVM	Dev06	tst06	tst07	tst08
Score BLEU	0.3492	0.2684	0.4980	0.4955

Figure 37 : Résultats des scores Bleu obtenus du système Hiérarchique Optimisé

ASVM	Dev06	tst06	tst07	tst08
Score NIST	7.4482	6.6154	8.1183	8.8183

Figure 38 : Premiers Résultats des scores NIST obtenus du système Hiérarchique optimisé

INTERPRETATION 2

D'après ces résultats nous pouvons remarquer que l'optimisation a une grande importance pour le système hiérarchique, puisque elle a augmenté d'une façon significative les scores Bleu et NIST de l'évaluation automatique du système. Ce qui nous a motivé pour améliorer cette étape en suivant le même principe d'amélioration que nous l'avons fait pour le système *Phrase Based* (optimisation de BLEU après recapitalisation et re-ponctuation).

AMELIORATION

En adaptant les mêmes modifications pour la phase d'optimisation décrite dans le chapitre précédant pour notre nouveau système Hiérarchique optimisé d'une façon classique par l'outil *mert-moses.perl* de MOSES, nous avons obtenu les résultats suivants d'évaluation automatique :

ASVM	Dev06	tst06	tst07	tst08
Score BLEU	0.3545	0.2680	0.5100	0.4970

Figure 39 : Résultats des scores Bleu obtenus du système Hiérarchique Optimisé et amélioré

ASVM	Dev06	tst06	tst07	tst08
Score NIST	7.4481	6.6234	8.1561	8.7344

Figure 40 : Résultats des scores NIST obtenus du système Hiérarchique Optimisé et amélioré

RESULTATS

Nous remarquons que comme pour le système *Phrase Based* du chapitre précédent, nos améliorations ont pour effet d'augmenter les scores Bleu et NIST de l'évaluation automatique.

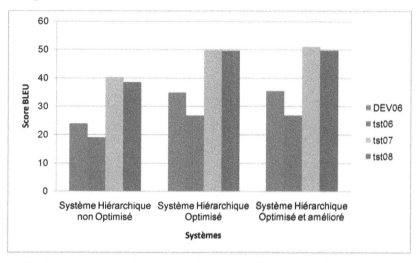

Figure 41 : Comparaison des résultats d'évaluation des différents systèmes Hiérarchique de Traduction Automatique de l'Arabe-Anglais

CONCLUSION

A la fin de cette partie de nos travaux nous avons construit un système Hiérarchique de traduction automatique arabe-anglais, bien optimisé suite à nos améliorations de la phase de *Tuning* du système.

Nous remarquons même que les résultats de l'évaluation automatique des systèmes basé sur les approche *Phrase Based* et *Hierarchical Phrase Based* sont très proches en terme de score Bleu, mais les traductions fournies par ces deux approches se diffèrent pour certaines phrases.

Pour cela, nous proposons comme continuation de ces travaux de traduction automatique Arabe-Anglais de combiner les deux meilleurs systèmes basés sur les deux différentes approches.

CONCLUSION

La traduction automatique a opéré un virage important par le développement de modèles statistiques. En utilisant ces modèles, il est possible, à partir de corpus parallèles annotés, d'apprendre automatiquement les associations les plus statistiquement significatives entre deux langues, donnant lieu à des systèmes de traduction probabilistes. Ce travail a porté sur la paire de langues arabe/anglais.

Nous nous sommes intéressés à l'étude de la phase d'optimisation d'un système existant de traduction automatique arabe/anglais basé sur l'approche des segments, en insérant un module de ponctuation et capitalisation des données. Nous avons aussi proposé et testé une méthode de combinaisons d'alignement qui n'a, cependant, pas apporté d'amélioration significative.

Après l'amélioration du système existant, nous avons construit un nouveau système basé sur une approche novatrice dans le domaine de traduction automatique qui est l'approche hiérarchique.

Les expérimentations et notre évaluation montrent l'efficacité de notre amélioration faite pour le système existant, ainsi l'utilisation de l'approche hiérarchique.

Notre système peut être amélioré en travaillant plus sur les poids du système hiérarchique et en combinant les deux approches utilisées : l'hiérarchique et celle à base de segments.

Le système réalisé dans ce travail était utilisé lors de la participation du LIG à la campagne IWSLT2010 en Aout 2010 [Besacier et al, 2010].

BIBLIOGRAPHIES

Abraham Ittycheriah and Salim Roukos (2005), "A Maximum Entropy Word Aligner for Arabic-English Machine Translation", Proceeding of Human Language Technology Conference and Conference on Empirical Methods in Natural Language Processing, pp. 89-96.

Aljlayl, M., & Frieder, O. (November 2002). On Arabic Search: Improving the Retrieval Effectiveness. In 11th International Conference on Information and Knowledge Management (CIKM), Virginia (USA), , 340-347.

Arun, A., & Koehn, P. (September 2007). Online learning methods for discriminative training of phrase based statistical machine translation. In Proc. of MT Summit, Copenhagen, Danemark. , pages 15–20.

Awdé, A. (2003). Thèse Comparaison de deux techniques de décodage pour la traduction probabiliste.

Bahl, L. R., & Mercer, R. L. (1976). Part of speech assignment by a statistical decision algorithm. in IEEE International Symposium on Information Theory, Ronneby , 88-89.

Baloul, S., Alissali, M., Baudry, M., & Boula de Mareüil, P. (24-27 juin 2002). Interface syntaxique-prosodique dans un système de synthèse de la parole à partir du texte en arabe. 24es Journées d'Etude sur la Parole , 329-332.

Barbara Greene, B., & Gerald Rubin, M. (1971). Automated Grammatical Tagging of English. Department of Linguistics, Brown University, Providence, Rhode Island.

Besacier, L. (kein Datum). (Oct. 2005/Nov). Contributions à la traduction de parole arabe dialectal / anglais. séjour de recherche IBM Watson,.

Besacier, L., & Mahdhaoui, A. (2007). The LIG Arabic / English Speech translation System at IWSLT07. pp. 1-2.

Besacier, L., Benyoussef Atef and Blanchon, (October 2008). H.. The LIG Arabic / English Speech translation System at IWSLT08. pp.58-62. Hawii

Besacier, L. (dec 2007). De l'utilisation d'unités sous-lexicales pour la traduction automatique de la parole. Séminaire ATALA.

Bougares, F., Besacier, L. and Blanchon, H..(October 2009) The LIG Arabic / English Speech translation System at IWSLT09. Tokyo

Brill, E. (1993). A Corpus-Based Approach to Language Learning. University of Pennsylvania, USA.

Brill, E. (1992). A simple rule-based part of speech tagger. In proceedings of the third Conference on Applied Natural Language Processing, Trento, Italy .

Brill, E. (1994). Some Advances in Tranformation-Based Part-of-Speech Tagging. In Proceedings of the 12th National Conference on Artificial Intelligence, Seattle , 722-727.

Brown Peter, F., Cocke, J., Pietra, S. A., Della, V. J., Fredrick, J., Lafferty, J. D., et al. (1990). A statistical approach to machine translation. IBM Thomas J. Watson Research Center Yorktown Heights, NY , 79-85.

Brown Peter, F., Pietra, V. J., Pietra, S. A., & Mercer, R. L. (1993). The Mathematics of Statistical Machine Translation: Parameter Estimation. IBM T.J. Watson Research Center , 264-311.

Buckwalter, T. (8. November 2002). Buckwalter Arabic Morphological Analyzer Version 1.0. http://www.ldc.upenn.edu/Catalog/CatalogEntry.jsp?catalogId=LDC2002L49: http://www.ldc.upenn.edu/Catalog/CatalogEntry.jsp?catalogId=LDC2002L49

Chafik Aloulou ,Lamia Hadrich Belguith ,Ahmed Hadj Kacem, Abdelmajid Ben Hamadou (2004). «Conception et developpement du système MASPAR d'analyse de l'Arabe selon une approche agent »,RFIA Toulouse.

Chen, S., & Goodman, J. (octobre 1999). An empirical study of smoothing techniques for language modeling. Computer Speech and Language , 359-394,.

Church, & Gale, W. (1991). A Program for Aligning Sentences in Bilingual Corpora », . COLING 91 - Proceedings of the 29th Annual Meeting of the Association for Computational Linguistics .

Church, K. (1988). A stochastic parts program and noun phrase parser for unrestricted text. in proceedings of the Second Conference on Applied Natural Language Processing, ACL, Austin, Tx, .

Cutting, D., Kupiec, J., Pedersen, J., & Sibun, P. (1992). A pratical part-of-speech tagger. In Proceedings of the Third Conference on Applied Natural Language Processing, ACL .

Darwish, K. (2003). Probabilistic Methods for Searching OCR-Degraded Arabic Text. Doctoral dissetation, University of Michigan .

David Chiang. (2005). A hierarchical phrase-based model for statistical machine translation. In Proc. ACL, pages 263–270.

David Chiang. (2007). Hierarchical phrase-based translation. Computational Linguistics, 33(2):201–228.

Débili, F., Achour, H., & Souici, E. (juillet-août 2002). La langue arabe et l'ordinateur : de l'étiquetage grammatical à la voyellation automatique. Correspondances de l'IRMC, N° 71, 10-28.

Déchelotte, D. (2007). Traduction automatique de la parole par méthodes statistiques.

Derose, S. (1988). Grammatical category disambiguation by statistical optimization. in Computational Linguistics 14 .

Diab, M., Hacioglu, K., & Jurafsky, D. (2004). Automatic Tagging of Arabic Text: From Raw Text to Base Phrase Chunks. The Nation Science Foundation, USA .

Elming, Jakob and Nizar Habash.(2009). Syntactic Reordering for English-Arabic Phrase-Based Machine Translation. In Proceedings of the Workshop on Computational Approaches to Semitic Languages at the meeting of the European Association for Computational Linguistics (EACL), Athens, Greece, 2009.

Evgeny Matusov, Richard Zens and Hermann Ney (2004), Symmetric Word Alignments for Statistical Machine Translation, Proceedings of COLING, pp. 219-225.

Germann, U., Jahr, M., Knight, K., Marcu, D., & Yamada, K. (2001). Fast decoding and optimal decoding for machine translation. In Proc. of the Meeting of the Association for Computational Linguistics, Toulouse, France , 228–235.

Habash, N. (2005). Introduction to Arabic Natural Language Processing. Tutoriel in the ACL 43th annual meeting .

Habash, Nizar, Bonnie Dorr and Christof Monz. Challenges in Building an Arabic Generation-heavy Machine Translation System and Extending it with Statistical Components.(2006). *In Proceedings of the Association for Machine Translation in the Americas (AMTA-2006),Boston.*

Huet, S., Gravier, G., & Sébillot, P. (2007). Morphosyntactic Processing of N-Best Lists for Improved Recognition and Confidence Measure Computation. Interspeech 2007 , pp. 1741-1744.

Hutchins, J. (2001). Machine translation over fifty years. Histoire Epistémologie Language, 7-31.

Ibrahim Badr, Rabih Zbib and James Glass (2008), "Segmentation for English-to-Arabic Statistical Machine Translation", Proceedings of ACL, pp. 153-156.

Jelinek, F., & Mercer, R. (1980). Interpolated estimation of Markov source parameters from sparse data. Pattern Recognition in Practice, Amsterdam (Hollande) , 381-397.

Josef Och, F. (2003). Minimum Error Rate Training in Statistical Machine Translation . Information Sciences Institute, University of Southern California, 4676 AdmiraltyWay, Suite 1001, Marina del Rey, http://www.fjoch.com/acl03.pdf .

Josef Och, F., & Ney, H. (2002). Discriminative training and maximum entropy models for statistical machine translation. Dans ACL , 295–302.

Josef Och, F., & Ney, H. (October 2000). Improved statistical alignment models. In Proceedings of the 38th Annual Meeting of the Association for Computational Linguistics, Hong Kong, China. disponible sur http://www.fjoch.com/GIZA++.html , 440–447.

Kadri Y., Benyamina A.,(1992). Un système d'analyse syntaxico-sémantique du langage arabe non voyellé, Mémoire d'ingénieur 1992, Université d'Oran

Kempe. (1993). A probabilistic tagger and an analysis of tagging errors Technical report. Institut für maschinelle Sprachverarbeitung, Universität Stuttgart .

Kiraz, G. A. (1996). Analysis of the Arabic Broken Plural and Diminutive, In Proceedings of the 5th Intrenational Conference and Exhibition on Multi-Lingual Computing . ICEMCO96 .

Koehn, P. (March 2006). Data Intensive Linguistics. Lecture 17 Machine translation (IV): Phrase-Based Models .

Koehn, P., & Hoeang, H. (2007). Factored Translation models . EMNLP .

Koehn, P., Hoang, H., Birch, A., Callison-Burch, C., Federico, M., Bertoldi, N. (2007). Moses: Open Source Toolkit for Statistical Machine Translation. ACL 2007, demonstration session .

Koehn, P., Josef Och, F., & Marcu, D. (2003). Statistical phrase-based translation. In NAACL '03 : Proceedings of the 2003 Conference of the North American Chapter of the Association for Computational Linguistics on Human Language Technology, Morristown, NJ, USA. Association for Computational Linguistics. , 48–54.

Koehn, P. (2004). A Beam Search Decoder for Phrase-Based Statistical Machine TranslationModels. User Manual and Description .

Kumar, Shankar, Yonggang Deng, and William Byrne. (2006). A weighted finite state transducer translation template model for statistical machine translation. Natural Language Engineering, 12:35–75.

Leclerc, J. (2006). L'aménagement linguistique dans le monde. http://www.tlfq.ulaval.ca/axl/monde/famarabe.htm: http://www.tlfq.ulaval.ca/axl/monde/famarabe.htm abgerufen

Mahdhaoui, A. (2007). Contributions à la traduction automatique statistique de la parole.

Marcu, D., & Wong, D. (July 2002). A phrase-based, joint probability model for statistical machine translation. In Proceedings of the Conference on Empirical Methods in Natural Language Processing (EMNLP), Philadelphia, Association for Computational Linguistics , 133–139.

M. Mikael Parkvall. (2010). l'Institutionen för lingvistik, Université de Stockholm : http://www.tlfq.ulaval.ca/axl/Langues/2vital_inter_arabe.htm. *(Dernière mise à jour 03 mai 2010*

Nagao, M. (1984). A framework of a mechanical translation between Japanese and English by analogy principle. In Proc. of the Intl. NATO symposium on Artificial and human intelligence, Lyon, France , 173–180.

Papineni, K., Roukos, S., Ward, T., & Zhu, W. (2002). BLEU : a Method for Automatic Evaluation of Machine Translation. Proceedings of COLING-ACL '02, Philadelphia, USA , 311-318.

Quinlan, J. R. (1986). Induction of decision trees. Machine Learning , 81-106.

S. Vogel, H. Ney, and C. Tillmann. (1996). Hmm-based word alignment in statistical translation. In *Proc. COLING '96: The 16th Int. Conf. on Computational Linguistics*, pages 836– 841.

Schwenk, H., Déchelotte, D., Bonneau-Maynard, H., & Allauzen, A. (2007, Juin 5-8). Modèles statistiques enrichis par la syntaxe pour la traduction automatique. TALN 2007 , pp. 253-256.

Scmidit, H. (1994). Probabilistic part-of-speech tagging decision trees. In Proceedings of International Conference on New Methods in Language Processing, Manchester, UK .

Somers, H. (June 1999). Review article : Example-based machine translation. Machine Translation, 14(2) , 113–157.

Stolcke. (Sept 2002). SRILM - an extensible language modeling toolkit. In Proceedings of ICSLP, Denver, Colorado, .

Tarrier, (1991). « A propos de sociolinguistique de l'arabe, présentation de quelques difficultés », in Bulletin d'Etudes Orientales XLIII, Damas, Publications de l'Institut

Français de Damas. (Sébastien L'HAIRE) VERS UN FEEDBACK PLUS INTELLIGENT, LES ENSEIGNEMENTS DU PROJET FREETEXT.

Toutanova, K., & Manning, C. (2000). Enriching the knowledege source used in a maximum entropy part-of-speech tagger. In Proceedings of the 2000 Joint SIGDAT Conference EMNLP/VLC , 63-71.

Vauquois, B. (1968). A Survey of Formal Grammars and Algorithms for Reconition and Translation. FIP Congress-68, Edinburg , 254-260.

Wang, Y.-Y., & Waibel, A. (1997). Decoding algorithm in statistical machine translation. In Proc. of the Conf, on European chapter of the Association for Computational Linguistics, Madrid, Spain, , 366–372.

Witten, I., Bell, T., Witten, & al. (1991). The zero-freqency problem: Estmating the probabiltties of novel events in adaptive text compression. IEEE Transactions Information Theory, vol 34, numéro 4 , 1085-1094.

Youssi, Abderrahim.(1995). "The Moroccan triglossia : facts and implications". *International Journal of the Sociology of Language* 112: 29-44.

Youssef Tahir , Noureddine Chenfour et Mostafa Harti. (*20 avril 2004*). « Modélisation à objets d'une base de données morphologique pour la langue arabe » ,*JEP-TALN 2004, Traitement Automatique de l'Arabe, Fès*.

Laurent Besacier, Haithem Afli, Do Thi Ngoc Diep, Hervé Blanchon et Marion Potet (2010) . LIG Statistical Machine Translation Systems for IWSLT 2010. International Workshop on Spoken Language Translation , 2-3 December 2010.

ANNEXE

```
### MOSES CONFIG FILE ###
###########################
# input factors
[input-factors]
0
# mapping steps
[mapping]
0 T 0
1 T 1
# translation tables: source-factors, target-factors, number of scores, file
[ttable-file]
6 0 0 5 /home/afli/moses-chart/scripts/training/model/rule-table.gz
6 0 0 1 /home/afli/moses-chart/scripts/training/model/glue-grammar
# no generation models, no generation-file section
# language models: type(srilm/irstlm), factors, order, file
[lmodel-file]
0 0 3 /home/afli/en3g_nopunct_nocase_0.7_Giga20k_0.3.BO
# limit on how many phrase translations e for each phrase f are loaded
# 0 = all elements loaded
[ttable-limit]
20
# language model weights
[weight-l]
0.5000
# translation model weights
[weight-t]
0.2
0.2
0.2
0.2
0.2
1.0
# word penalty
[weight-w]
-1
```

78

Sentence pair (1) source length 23 target length 23 alignment score : 1.17414e-42

إن ها في أخر ال قاعة سوف أتي ل ك ب بعض من ها الآن إذا أردت أي شيئا أخر فقط أعلم ني

NULL ({ }) it ({ 1 2 }) 's ({ }) just ({ }) down ({ 3 }) the ({ 5 }) hall ({ 4 6 }) i ({ }) 'll ({ 7 }) bring ({ 8 9 }) you ({ 10 11 }) some ({ 12 13 14 }) now ({ 15 }) if ({ 16 }) there ({ }) is ({ }) anything ({ 18 }) else ({ 17 19 20 }) you ({ }) need ({ }) just ({ 21 }) let ({ }) me ({ 23 }) know ({ 22 })

Sentence pair (2) source length 15 target length 13 alignment score : 5.35981e-21

لا تقلق من ذلك سوف أخذ ها و لن تحتاج إلى لف ها

NULL ({ }) no ({ 1 }) worry ({ 2 3 }) about ({ }) that ({ 4 }) i ({ }) 'll ({ 5 }) take ({ 6 }) it ({ 7 }) and ({ 8 }) you ({ }) need ({ 10 11 }) not ({ 9 }) wrap ({ 12 }) it ({ 13 }) up ({ })

Sentence pair (3) source length 4 target length 5 alignment score : 2.3183e-08

هل تقوم ون ب عمل تعديلات

NULL ({ }) do ({ 1 }) you ({ }) do ({ }) alterations ({ 2 3 4 5 })

Sentence pair (4) source length 4 target length 4 alignment score : 7.94281e-06

ال إشارة كانت حمراء

NULL ({ }) the ({ 1 }) light ({ 2 }) was ({ 3 }) red ({ 4 })

Sentence pair (5) source length 9 target length 6 alignment score : 2.26572e-11

نريد مائدة ب جانب ال نافذة

NULL ({ }) we ({ 1 }) want ({ }) to ({ }) have ({ }) a ({ }) table ({ 2 }) near ({ 3 }) the ({ 5 }) window ({ 4 6 })

...

Sentence pair (19952) source length 7 target length 7 alignment score : 2.72185e-11

لا أدري هل هذه ال إشاعة صحيحة

NULL ({ }) i ({ }) wonder ({ 1 2 }) if ({ }) the ({ 5 }) rumor ({ 6 7 }) is ({ 3 }) true ({ 4 })

Sentence pair (19953) source length 6 target length 5 alignment score : 8.30544e-08

لقد نفد بنزين ال سيارة

NULL ({ }) i ({ }) 've ({ 1 }) run ({ 2 }) out ({ 4 }) of ({ }) petrol ({ 3 5 })

Sentence pair (19954) source length 2 target length 2 alignment score : 0.0290133

سمك مقلي

NULL ({ }) fried ({ 2 }) fish ({ 1 })

ANNEXE 3 : EXEMPLE DE N-MEILLEURS LISTE PONCTUEES

```
3 ||| There's no , not yet the plane .  ||| d: -9 lm: -25.2561 tm: -6.9685 -8.72413 -8.13391 -10.9479 4.99948 w: -6 ||| -206.209
3 ||| There is no not the plane after .  ||| d: -9 lm: -27.1238 tm: -7.60903 -8.83582 -8.58783 -11.1013 4.99948 w: -7 ||| -206.266
3 ||| No , there is not the plane after .  ||| d: -5 lm: -33.1109 tm: -4.83935 -8.15999 -5.57616 -9.96052 4.99948 w: -7 ||| -206.275
3 ||| There's no not the plane after .  ||| d: -9 lm: -26.9022 tm: -6.90746 -8.42618 -7.06127 -9.9774 4.99948 w: -6 ||| -206.286
3 ||| There is no . I didn't the plane after .  ||| d: -9 lm: -31.6965 tm: -4.35399 -7.10971 -6.52187 -11.5205 4.99948 w: -8 ||| -206.299
3 ||| There is no not the plane yet .  ||| d: -4 lm: -30.2552 tm: -7.67007 -9.18957 -9.65997 -12.0718 4.99948 w: -7 ||| -206.31
3 ||| There is no . I didn't after the plane .  ||| d: -9 lm: -31.8225 tm: -4.35399 -7.10971 -6.52187 -11.5205 4.99948 w: -8 ||| -206.318
3 ||| No , there is not the plane yet .  ||| d: 0 lm: -36.2422 tm: -4.80038 -8.45774 -6.6488 -10.931 4.99948 w: -7 ||| -206.319
3 ||| There's no . I didn't the plane after .  ||| d: -9 lm: -31.4755 tm: -3.65242 -6.70027 -4.99582 -10.3966 4.99948 w: -7 ||| -206.331
3 ||| There's no not the plane yet .  ||| d: -4 lm: -30.0335 tm: -6.9685 -8.72413 -8.13391 -10.9479 4.99948 w: -6 ||| -206.341
3 ||| There is no . I didn't the plane yet .  ||| d: -4 lm: -34.8279 tm: -4.41503 -7.40746 -7.59451 -12.491 4.99948 w: -8 ||| -206.343
3 ||| There's no . I didn't after the plane .  ||| d: -9 lm: -31.6015 tm: -3.65242 -6.70027 -4.99582 -10.3966 4.99948 w: -7 ||| -206.35
3 ||| There is no . I haven't the plane after .  ||| d: -9 lm: -30.8563 tm: -4.79896 -7.5272 -7.69351 -12.4521 4.99948 w: -8 ||| -206.357
3 ||| There is no . I haven't after the plane .  ||| d: -9 lm: -30.9185 tm: -4.79896 -7.5272 -7.69351 -12.4521 4.99948 w: -8 ||| -206.366
3 ||| There's no . I didn't the plane yet .  ||| d: -4 lm: -34.6069 tm: -3.71346 -6.99802 -6.06846 -11.3672 4.99948 w: -7 ||| -206.375
3 ||| There's no . I haven't the plane after .  ||| d: -9 lm: -30.6353 tm: -4.09739 -7.11776 -6.16745 -11.3282 4.99948 w: -7 ||| -206.389
3 ||| There is no , not yet the plane .  ||| d: -9 lm: -25.4778 tm: -7.96453 -9.13957 -9.64107 -12.0718 5.99938 w: -7 ||| -206.389
3 ||| There's no . I haven't after the plane .  ||| d: -9 lm: -30.6975 tm: -4.09739 -7.11776 -6.16745 -11.3282 4.99948 w: -7 ||| -206.398
3 ||| There is no . I haven't the plane yet .  ||| d: -4 lm: -33.9877 tm: -4.85999 -7.82495 -8.76615 -13.4226 4.99948 w: -8 ||| -206.401
```

ANNEXE 4 : EXTRAIT DE LA TABLE DE TRADUCTION DU SYSTEME BASE SUR LES SEGMENTS

```
إبريق ||| a pot of ||| (0,1,2) ||| (0) ||| (0) ||| 0.333333 0.0840519 0.6 0.0208333 2.718
إبريق ||| a ||| (0) ||| (0) ||| 0.000679348 0.0007299 0.2 0.333333 2.718
إبريق ||| half-carafe ||| (0) ||| (0) ||| 1 1 0.2 0.0416667 2.718
إبريق قهوة ||| a pot of coffee ||| (0,1,2) (3) ||| (0) (0) (1) ||| 0.5 0.0626653 1 0.0143925 2.718
إبريق قهوة من فضلك ||| a pot of coffee please ||| (0,1,2) (3) (4) (4) (4) ||| (0) (0) (0) (1) (2,3,4) ||| 0.333333 0.00163256 1 0.00721116 2.718
إبريق بن ||| a pot of ||| (0,1,2) (2) ||| (0) (0) (0,1) ||| 0.111111 0.0161992 1 0.0133307 2.718
إبريق من ال شاي مع كريمة ||| a pot of tea with cream ||| (0,1,2) (2) (5) (3) (4) (5) ||| (0) (0) (0,1) (3) (4) (2,5) ||| 1 0.000133163 1 0.000552377 2.718
إبريق من ال قهوة ل ||| a pot of coffee ||| (0,1,2) (2) (2) (3) (1) ||| (0) (0,4) (0,1,2) (3) ||| 0.166667 7.3661e-05 1 0.0031561 2.718
إبريق من ال قهوة ل فضلا ||| a pot of coffee please ||| (0,1,2) (2) (2) (3) (1) (4) ||| (0) (0,4) (0,1,2) (3) (5) ||| 0.333333 1.05179e-07 1 0.00154106 2.718
إبريق نحاس نقي عالي ال جودة ||| a top quality pure copper pot ||| (0) (4,5) (1,2,3,4) (4) (4) (4) ||| (0) (2) (2) (2) (1,2,3,4,5) (1) ||| 1 4.44906e-08 1 0.00
إبريقنا ||| pot ||| (0) ||| (0) ||| 0.25 0.0833333 1 0.285714 2.718
إبريقنا من ||| a carafe of ||| (0,1,2) (2) ||| (0) (0,1) ||| 1 0.0107494 1 0.00725821 2.718
إبريقنا من ال ||| a pot of ||| (0,1,2) (2) (2) ||| (0) (0) (0,1,2) ||| 0.111111 0.000787317 1 0.00991838 2.718
إبريقنا من ال شاي ||| a pot of tea ||| (0,1,2) (2) (2) (3) ||| (0) (0) (0,1,2) (3) ||| 1 0.000519831 1 0.00615418 2.718
إبريقنا من ال نبيذ ال أبيض ||| a carafe of white wine ||| (0,1,2) (2) (5) (4) (3) (3) ||| (0) (0) (0,1) (2,4,5) (3) ||| 1 0.000123961 1 0.00031791 2.718
إبريل / اب ||| apr ||| (0) (0) (0) ||| (0,1,2) ||| 1 0.057037 0.5 0.0338386 2.718
إبريل / اب ||| april ||| (0) (0) (0) ||| (0,1,2) ||| 0.0909091 0.000316962 0.5 0.197356 2.718
إبريل ||| april ||| (0) ||| (0) ||| 0.727273 0.613636 0.727273 0.509434 2.718
إبريل ||| of april ||| (0,1) ||| (0) (0) ||| 0.75 0.307175 0.272727 0.0288559 2.718
إبريل من فضلك ||| april please ||| (0) (1) (1) ||| (0) (1,2,3) ||| 1 0.0178908 1 0.255245 2.718
إبزيم ||| a buckle ||| (0,1) ||| (0) (0) ||| 1 0.166712 1 0.25 2.718
إبسابل ||| abusable ||| (0) ||| (0) ||| 1 1 1 1 2.718
إبسط ||| plainer ||| (0) ||| (0) ||| 1 1 0.5 0.5 2.718
إبسط ||| plainest ||| (0) ||| (0) ||| 1 1 0.5 0.5 2.718
إبسطها ||| spread 'em ||| (0,1) ||| (0) (0) ||| 1 0.533333 1 0.25 2.718
إبسطون ||| upsilon ||| (0) ||| (0) ||| 1 1 1 1 2.718
إبسن ||| ibsen ||| (0) ||| (0) ||| 1 1 1 1 2.718
إبسيلانتي ||| ypsilanti ||| (0) ||| (0) ||| 1 1 1 1 2.718
إبشتناس ||| epstein ||| (0) ||| (0) ||| 1 1 1 1 2.718
إبقى ||| expectorate ||| (0) ||| (0) ||| 1 1 1 1 2.718
إبط ي ||| axillary ||| (0) (0) ||| (0,1) ||| 1 0.25 1 0.166739 2.718
إبطا ||| decelerate ||| (0) ||| (0) ||| 1 1 0.25 0.0212766 2.718
```

ANNEXE 5 : EXTRAIT DE LA TABLE DES REGLES DU SYSTEME HIERARCHIQUE

```
[X][X] ابريق [X][X] [X] ||| [X][X] a [X][X] [X] ||| 0-0 2-2 ||| 0.00554018 0.0007299 0.857143 0.333333 2.718 ||| 90.2497 0.583333
[X][X] ابريق [X][X] [X] ||| [X][X] a pot of [X][X] [X] ||| 0-0 2-4 ||| 0.175 0.0840519 0.142857 0.0208333 2.718 ||| 0.476191 0.583333
[X][X] ابريق قهوة [X] ||| [X][X] a pot of coffee [X] ||| 0-0 ||| 0.535714 0.0628653 1 0.0143925 2.718 ||| 0.777777 0.416666
[X][X] ابريق قهوة [X][X] [X] ||| [X][X] a pot of coffee [X][X] [X] ||| 0-0 3-5 ||| 0.5 0.0628653 1 0.0143925 2.718 ||| 0.166667 0.0833333
[X][X] ابريق من [X] ||| [X][X] a pot of [X] ||| 0-0 ||| 0.161105 0.0161992 1 0.0133307 2.718 ||| 2.06905 0.333333
[X][X] ابريق من [X][X] [X] ||| [X][X] a pot of [X][X] [X] ||| 0-0 3-4 ||| 0.3 0.0161992 1 0.0133307 2.718 ||| 0.476191 0.142857
[X][X] ابريقا [X] ||| [X][X] pot [X] ||| 0-0 ||| 0.445885 0.0833333 1 0.285714 2.718 ||| 1.06496 0.485766
[X][X] ابريل [X] ||| [X][X] april [X] ||| 0-0 ||| 0.746177 0.613636 0.380346 0.509434 2.718 ||| 3.44729 6.76302
[X][X] ابريل [X] ||| [X][X] of april [X] ||| 0-0 ||| 0.844922 0.307175 0.274641 0.0288359 2.718 ||| 2.19831 6.76302
[X][X] ابريل [X] ||| april [X][X] [X] ||| 0-1 ||| 0.736842 0.613636 0.345013 0.509434 2.718 ||| 3.16667 6.76302
[X][X] ابريل [X][X] [X] ||| [X][X] april [X][X] [X] ||| 0-0 2-2 ||| 0.554419 0.613636 0.405255 0.509434 2.718 ||| 0.617926 0.845368
[X][X] ابريل [X][X] [X] ||| april [X][X] [X][X] [X] ||| 0-1 2-2 ||| 0.724 0.613636 0.594745 0.509434 2.718 ||| 0.694445 0.845368
[X][X] ابريل [X][X] جميع [X] ||| april [X][X] [X][X] correct [X] ||| 0-1 2-2 ||| 0.727273 0.314685 1 0.0492207 2.718 ||| 0.244445 0.177778
[X][X] ابريل من فضل ك [X] ||| [X][X] april please [X] ||| 0-0 ||| 1 0.0178908 1 0.255245 2.718 ||| 0.34259 0.34259
[X][X] ابريل هل [X] ||| april [X][X] is [X] ||| 0-1 ||| 0.7 0.1482 1 0.0929332 2.718 ||| 0.833333 0.583333
[X][X] ابريل هل [X][X] [X] ||| april [X][X] is [X][X] [X] ||| 0-1 3-3 ||| 0.727273 0.1482 1 0.0929332 2.718 ||| 0.244445 0.177778
[X][X] ابريل هل هذا [X] ||| april [X][X] is that [X] ||| 0-1 ||| 0.722222 0.0274909 1 0.0117322 2.718 ||| 0.45 0.325
[X][X] ابريل هل هذا صحيح [X] ||| april [X][X] is that correct [X] ||| 0-1 ||| 1 0.0140979 1 0.00113355 2.718 ||| 0.177778 0.177778
[X][X] ابطل سريان [X] ||| [X][X] invalidate [X] ||| 0-0 ||| 0.482365 0.12 1 0.75 2.718 ||| 2.09285 1.00952
[X][X] ابطل سريان [X][X] [X] ||| [X][X] invalidate [X][X] [X] ||| 0-0 3-2 ||| 0.330097 0.12 1 0.75 2.718 ||| 0.735714 0.242857
[X][X] ابطل سريان [X][X] و [X] ||| [X][X] invalidate [X][X] and [X] ||| 0-0 3-2 ||| 1 0.0935294 1 0.338833 2.718 ||| 0.1 0.1
[X][X] ابطل سريان ال [X] ||| [X][X] invalidate [X] ||| 0-0 ||| 0.358362 0.12 1 0.75 2.718 ||| 2.09285 0.75
[X][X] ابطل سريان ال [X][X] [X] ||| [X][X] invalidate [X][X] [X] ||| 0-0 4-2 ||| 0.330097 0.12 1 0.75 2.718 ||| 0.735714 0.242857
[X][X] ابطل صلاحية [X] ||| [X][X] invalidate [X] ||| 0-0 ||| 0.159272 0.12 1 0.288462 2.718 ||| 2.09285 0.333333
[X][X] ابطل صلاحية [X][X] [X] ||| [X][X] invalidate [X][X] [X] ||| 0-0 3-2 ||| 0.339806 0.12 1 0.288462 2.718 ||| 0.735714 0.25
[X][X] ابطل صلاحية بطاقت ي [X] ||| [X][X] invalidate my card [X] ||| 0-0 ||| 1 0.00160006 1 0.0473267 2.718 ||| 0.25 0.25
[X][X] ابعث [X] ||| [X][X] send [X] ||| 0-0 ||| 0.014015 0.0205882 1 0.583333 2.718 ||| 53.2443 1.16667
[X][X] ابعث [X][X] [X] ||| [X][X] send [X][X] [X] ||| 0-0 2-2 ||| 0.00855497 0.0205882 1 0.583333 2.718 ||| 39.5709 0.338528
[X][X] ابعث [X][X] [X] ||| ال يابان [X] ||| [X][X] send [X][X] japan [X] ||| 0-0 2-2 ||| 0.0125093 0.00477599 1 0.250096 2.718 ||| 3.8067 0.047619
[X][X] ابعث احد ال خدم [X] ||| [X][X] send a bellboy [X] ||| 0-0 ||| 1 3.60326e-06 1 0.00249589 2.718 ||| 0.5 0.5
[X][X] ابعث ب احر قنياتي [X] ||| [X][X] give my warmest wishes [X] ||| 0-0 ||| 1 0.000669941 1 0.000516795 2.718 ||| 1.08333 1.08333
[X][X] ابعث سيارة اسعاف [X] ||| [X][X] send an ambulance [X] ||| 0-0 ||| 1 0.00189956 1 0.0729346 2.718 ||| 0.2 0.2
[X][X] ابعث فاكسا [X] ||| [X][X] send a fax [X] ||| 0-0 ||| 0.266667 0.00026583 1 0.047619 2.718 ||| 0.625001 0.166667
[X][X] ابعث فاكسا [X][X] [X] ||| [X][X] send a fax [X][X] [X] ||| 0-0 3-4 ||| 0.363636 0.00026583 1 0.047619 2.718 ||| 0.130952 0.047619
```

ANNEXE 6 : TRADUCTION ANGLAISE DU DEV06 EN UTILISANT LE SYSTEME BASE SUR LES SEGMENTS

82

of course it's flight c three o six
not bad should be to partly cloudy
for information you will we arrive at two thirty and time you is the second and minutes
there's no i didn't the plane after
excuse me i can you that it's time lunch
two hours valid it all right
i'm sorry it
a year of it's
it's restaurant of a date
all right rate about five twenty francs per person
it's on after five minutes on
it's not
yes how would you like a copy
we are open from seven in the afternoon to the middle of night
yes how cuba you like
today we have any what would you like it salad seas salad or potato salad vegetable wilderness
we have tea black and green tea which are you like
i'd like to buy a car
i'd like either red and black either
i have to the total price six american dollars
i'll pay in cash
yes how would you like
oh no excuse me it's just
i can't tell you that depends on the crowd a should take about twenty minutes just in case don't want crowd
it's hard to jackboots too much about twenty dollars
before get not yet still we have to
well about half an hour on what i think
usually thirty dollars much
you see these buildings we crossing in now
walk down this street it's on after three hundred meters all i think
turn right when come out of the door and you'll see it on in a few steps
you'll find it on after fifty meters ahead from here
you can come out of exit c it's in this direction

ANNEXE 7 : TRADUCTION ORIGINALE DU DEV06 EN UTILISANT LE SYSTEME HIERARCHIQUE

of course it's flight c three o six

not bad should be بشمسا to cloudy partly

for information you will we arrive at two thirty and your time بقدرت is two الحسين minutes

no there راكبان i didn't بستقلا the plane yet

excuse me i can you that it's lunch time

two hours to valid all right

sorry it's ملاى

with of year it's بطلوبة

it's restaurant of the date عريق

all right rate about five and twenty francs per person

it's on after five minutes on

not بطلوبة

yes how a copy you like

we are open from seven in the afternoon to the middle of the night

yes how cuba you like

today we have what you wish selection of salad نار seas potato salad or salad vegetable wilderness

we have tea black and green tea which are would you like

i'd like to buy a car

i want either red and black either

have i don't ينعدى the total price six us dollars

i'll pay in cash

yes how would you like

oh no excuse me it's just بالبابانية

i can't tell you that depends on crowd walk should take about twenty minutes just in case don't want crowd

it's hard to asseverated too much about twenty dollars

before get not yet still we have to نقطع شارعين

well about half an hour on what i think

much usually thirty dollars

you see this buildings we crossing in فلذ افينبو now

walk on this road after three hundred meters on what i think it's on

turn right when come out of the door and you'll see it on in a few steps

you'll find it on after fifty meters ahead from here

you can come out of c exit it's in this direction

ANNEXE 8 : TRADUCTION DU DEV06 EN UTILISANT LE SYSTEME HIERARCHIQUE POST-TRAITE

for information you will we arrive at two thirty and your time دورة is two minutes

no there i didn't the plane yet

excuse me i can you that it's lunch time

two hours to valid all right

sorry it's

with of year it's

it's restaurant of the date

all right rate about five and twenty francs per person

it's on after five minutes on

not

yes how a copy you like

we are open from seven in the afternoon to the middle of the night

yes how cuba you like

today we have what you wish selection of salad seas potato salad or salad vegetable wilderness

we have tea black and green tea which are would you like

i'd like to buy a car

i want either red and black either

have i don't the total price six us dollars

i'll pay in cash

yes how would you like

oh no excuse me it's just

i can't tell you that depends on crowd walk should take about twenty minutes just in case don't want crowd

it's hard to asseverated too much about twenty dollars

before get not yet still we have to

well about half an hour on what i think

much usually thirty dollars

you see this buildings we crossing in now

walk on this road after three hundred meters on what i think it's on

turn right when come out of the door and you'll see it on in a few steps

you'll find it on after fifty meters ahead from here

you can come out of c exit it's in this direction

ANNEXE 9 : BILAN DE TOUS LES EXPERIENCES ET LEURS RESULTATS

TABLEAUX DES RESULTATS DE L'EVALUATION (AVEC MTEVAL-V12):

ASVM		Dev06	tst06	tst07	tst08
Exp 1	Score BLEU	0.3575	0.2897	0.5103	0.5030
	Score NIST	7.4361	6.7867	8.1855	8.8718
Exp 2	Score BLEU	0.3522	0.2875	0.5068	0.5043
	Score NIST	7.2850	6.6537	8.0733	8.7313
Exp 3	Score BLEU	0.3569	0.2910	0.5060	0.4958
	Score NIST	7.4588	6.8159	8.1740	8.8301
Exp 4	Score BLEU	0.3621	0.2915	0.5072	0.5081
	Score NIST	7.3829	6.6949	8.0923	8.8104
Exp 5	Score BLEU	0.3574	0.2934	0.5099	0.5091
	Score NIST	7.3494	6.7299	8.1195	8.8291
Exp 6	Score BLEU	0.3571	0.2932	0.5084	0.5053
	Score NIST	7.3990	6.7248	8.1436	8.8347
Exp 7 Rep 1	Score BLEU	0.3625	0.2909	0.5061	0.5124
	Score NIST	7.4033	6.6941	8.0803	8.8411
Exp 8 Rep 2	Score BLEU	0.3595	0.2893	0.5112	0.5099
	Score NIST	7.2554	6.5910	8.0743	8.7461
Exp 9 Rep 3 FREE ZER	Score BLEU	0.3656	0.2916	0.5149	0.5077
	Score NIST	7.4299	6.6879	8.1465	8.7165

Exp 10	Score BLEU	0.3656	0.2916	0.5149	0.5077
	Score NIST	7.4299	6.6879	8.1465	8.7165
Exp 11 GIZA++	Score BLEU	0.3656	0.2916	0.5149	0.5077
	Score NIST	7.4299	6.6879	8.1465	8.7165
Exp 12 Berkeley Aligner	Score BLEU	0.3539	0.2868	0.5090	0.5060
	Score NIST	7.3096	6.6630	8.0646	8.7447
Exp 13	Score BLEU	0.3487	0 .2881	0.5166	0.4982
	Score NIST	7.4181	6.7920	8.2153	8.7793
Exp 14	Score BLEU	0.3481	0.2925	0.5136	0.5031
	Score NIST	7.3371	6.7469	8.1532	8.7977
Exp 15	Score BLEU	0.3481	0.2925	0.5136	0.5031
	Score NIST	7.3371	6.7469	8.1532	8.7977

SOUMISSION 2009:

	dev06	tst06	tst07
Sans optimisation	31.81	**25.63**	**51.40**
Avec optimisation	**32.34**	25.47	50.52

EXP 1 : OPTIMISATION SUR LE CORPUS DEV06 EN UTILISANT MERT-MOSES AVEC REF PONCTUES.

EXP 2 : OPTIMISATION SUR LE CORPUS DEV06 EN UTILISANT MERT-MOSES-NEW AVEC REF NON PONCTUES.

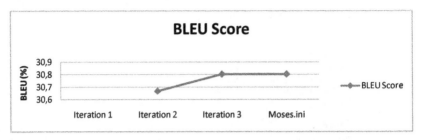

EXP 3 : UTILISATION DE LA VERSION STANDARD DE MERT-MOSES-NEW.PL AVEC DEV06 NON PONCTUE ET REFS PONCTUES

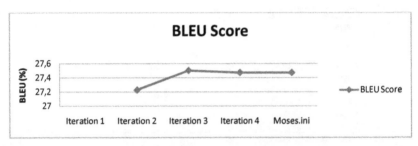

EXP 4 : UTILISATION DE LA VERSION MERT-MOSES-NEW-LIG.PL (OU ON A INSERER LE SCRIPT DE REPONCTUATIONS DES FICHIERS TEMPORAIRES GENERE PAR MERT) AVEC DEV06 NON PONCTUE ET REFS PONCTUES

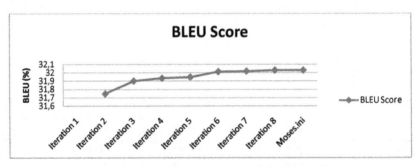

EXP 5 : UTILISATION DE LA VERSION MERT-MOSES-NEW-LIG.PL EN AJOUTANT L'OPTION « -DROP-UNKNOWN » DE MOSES (POUR NEGLIGER LES MOTS INCONNUES)

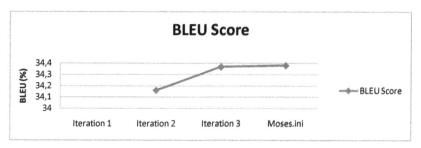

EXP 6 : OPTIMISATION SUR LE CORPUS DEV06 EN UTILISANT MERT-MOSES-NEW-LIG AVEC REF NON PONCTUES.

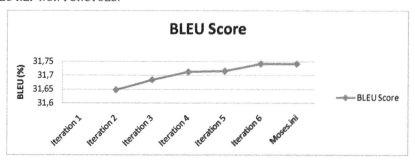

EXP (7-8-9): REPETITION D'UNE SEULE EXPERIENCE 3 FOIS SUCCESSIVES :

Evolution du score BLEU au cours des différentes itérations du Tuning (extraites de runX.moses.ini) :

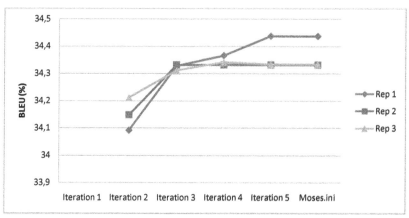

Tableaux des poids : (En Jaune le meilleure valeur obtenue)

Distorition Weight	Run1	Run2	Run3	Run4	Run5	Moses.ini

Rep 1	0.0712993	0.117131	0.127141	0.131653	0.131653	0.131653
Rep 2	0.107997	0.131746	0.131746	#	#	0.131746
Rep 3	0.115698	0.124475	0.142311	0.142311	#	0.142311

Language Model Weight	Run1	Run2	Run3	Run4	Run5	Moses.ini
Rep 1	0.165162	0.155825	0.156298	0.164055	0.164055	0.164055
Rep 2	0.138735	0.149354	0.149354	#	#	0.149354
Rep 3	0.148885	0.1457	0.184891	0.184891	#	0.184891

Translation Model Weight	Run1	Run2	Run3	Run4	Run5	Moses.ini
Rep 1	0.0713426 0.0826228 0.193165 0.0635867 -0.221321	0.155825 0.024053 0.0929552 0.142482 -0.0058765 -0.321661	0.156298 0.0376491 0.122481 0.0907435 0.0479273 -0.206473	0.164055 0.0542013 0.113795 0.104374 0.0440906 -0.192969	0.164055 0.0542013 0.113795 0.104374 0.0440906 -0.192969	0.164055 0.0542013 0.113795 0.104374 0.0440906 -0.192969
Rep 2	0.138735 0.0210349 0.105157 0.12919 0.0144222 -0.334974	0.149354 0.022645 0.11609 0.139079 0.0155261 -0.32168	0.149354 0.022645 0.11609 0.139079 0.0155261 -0.32168	#[9]	#	0.149354 0.022645 0.11609 0.139079

---

[9] # : On n'a pas de valeur dans cette case car on n'a pas atteint ce run .

						0.0155261 - 0.32168
Rep 3	0.148885 0.0371097 0.0756409 0.0637314 0.0646826 -0.20252	0.1457 0.0363159 0.0740229 0.0623681 0.063299 -0.208326	0.184891 0.0741052 0.106001 0.130569 0.00487174 - 0.224559	0.184891 0.074105 1 0.106001 0.130569 0.004871 74 - 0.224559	#	0.184891 0.0741051 0.106001 0.130569 0.00487174 - 0.224559

Word penalty	Run1	Run2	Run3	Run4	Run5	Moses.ini
Rep 1	-0.131499	-0.140017	-0.211286	- 0.194863	- 0.194863	- 0.194863
Rep 2	-0.14849	-0.10388	-0.10388	#	#	-0.10388
Rep 3	-0.291734	-0.285494	-0.132693	- 0.132693	#	- 0.132693

EXP 10 : UTILISATION DE MOSES2010

EXP (11-12) : COMPARAISON DES RESULTATS PRODUITE EN CHANGEANT L'ALIGNEMENT L'OR DE L'APPRENTISSAGE :

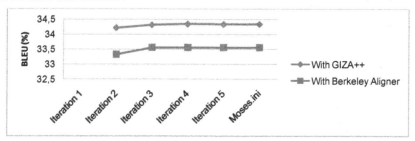

EXP (13-14-15) : COMBINAISON ENTRE LES DEUX ALIGNEMENTS (GIZA++& BERKELEY ALIGNER) EN COMBINANT LES FICHIERS EXTRACT-0-0.GZ

MÉTHODE 1 (EXP 13):

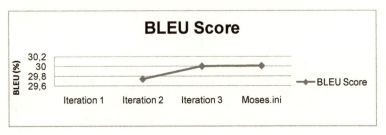

MÉTHODE 2 (EXP 14):

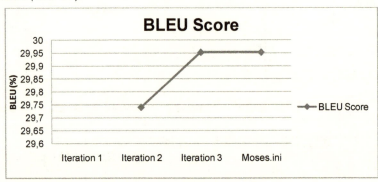

MÉTHODE 3(EXP 15):

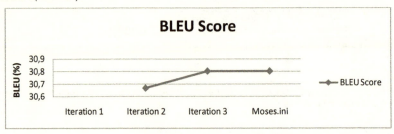

Résultats de l'évaluation Sans Optimisation :

ASVM	Dev06	tst06	tst07	tst08
Score BLEU	0.2393	0.1902	0.4032	0.3853

ASVM	Dev06	tst06	tst07	tst08
Score NIST	6.4498	5.8408	7.2624	7.8620

Exp : Utilisation de la version standard de mert-moses.pl

ASVM	Dev06	tst06	tst07	tst08
Score BLEU	0.3492	0.2684	0.4980	0.4955

ASVM	Dev06	tst06	tst07	tst08
Score NIST	7.4482	6.6154	8.1183	8.8183

Exp : Utilisation de la version améliorée de mert-moses.pl

ASVM	Dev06	tst06	tst07	tst08
Score BLEU	0.3545	0.2680	0.5100	0.4970

ASVM	Dev06	tst06	tst07	tst08
Score NIST	7.4481	6.6234	8.1561	8.7344

Exp : Etude de la stabilité de notre nous outil *mert-moses.lig* en répétant l'expérience 4 fois :

ASVM	Dev06	tst06	tst07	tst08
Score BLEU	0.3545	0.2680	0.5100	0.4970

ASVM	Dev06	tst06	tst07	tst08
Score NIST	7.4481	6.6234	8.1561	8.7344

Exp : Utilisation de la version améliorée de mert-moses.pl en optimisant sur le corpus tst07

ASVM	Dev06	tst06	tst07	tst08
Score BLEU	0.3305	0.2680	0.5100	0.4970

ASVM	Dev06	tst06	tst07	tst08
Score NIST	7.0992	6.6234	8.1561	8.7344